Ensino de matemática: pontos e contrapontos

CIP-BRASIL. CATALOGAÇÃO NA PUBLICAÇÃO
SINDICATO NACIONAL DOS EDITORES DE LIVROS, RJ

M132e

Machado, Nílson José, 1947-
  Ensino de matemática : pontos e contrapontos / Nílson José Machado, Ubiratan D'Ambrosio ; organização Valéria Amorim Arantes.
São Paulo : Summus, 2014.
  176 p. : il.

  Inclui bibliografia
  ISBN 978-85-323-0953-2

  1. Matemática - Estudo e ensino. 2. Educação. I. D'Ambrosio, Ubiratan. II. Arantes, Valéria Amorim. III. Título.

14-14582   CDD: 510
                                                      CDU: 51

www.summus.com.br

EDITORA AFILIADA

Compre em lugar de fotocopiar.
Cada real que você dá por um livro recompensa seus autores
e os convida a produzir mais sobre o tema;
incentiva seus editores a encomendar, traduzir e publicar
outras obras sobre o assunto;
e paga aos livreiros por estocar e levar até você livros
para a sua informação e o seu entretenimento.
Cada real que você dá pela fotocópia não autorizada de um livro
financia o crime e ajuda a matar a produção intelectual de seu país.

Ensino de matemática: pontos e contrapontos

Nílson José Machado
Ubiratan D'Ambrosio

Valéria Amorim Arantes
(ORG.)

summus
editorial

ENSINO DE MATEMÁTICA: PONTOS E CONTRAPONTOS
Copyright © 2014 by Nílson José Machado, Ubiratan D'Ambrosio e
Valéria Amorim Arantes (org.)
Direitos desta edição reservados por Summus Editorial

Editora executiva: **Soraia Bini Cury**
Assistente editorial: **Michelle Neris**
Capa: **Ana Lima**
Projeto gráfico: **José Rodolfo de Seixas**
Diagramação: **Santana**
Impressão: **Sumago Gráfica Editorial**

Summus Editorial
Departamento editorial
Rua Itapicuru, 613 – 7º andar
05006-000 – São Paulo – SP
Fone: (11) 3872-3322
Fax: (11) 3872-7476
http://www.summus.com.br
e-mail: summus@summus.com.br

Atendimento ao consumidor
Summus Editorial
Fone: (11) 3865-9890

Vendas por atacado
Fone: (11) 3873-8638
Fax: (11) 3873-7085
e-mail: vendas@summus.com.br

Impresso no Brasil

Sumário

Apresentação 7
– *Valéria Amorim Arantes*

PARTE I – Ensino de matemática 11
– *Nílson José Machado*
– *Ubiratan D'Ambrosio*

Ensino de matemática: das concepções às ações docentes 13
– *Nílson José Machado*
Introdução: dificuldades com a matemática 13
A escola e a fragmentação disciplinar. 16
Conhecimento: concepções e ações docentes. 20
A matemática nos currículos 41
Considerações finais: matemática e contos de fadas 65
Conclusão: cuidado com as caricaturas! 70
Referências bibliográficas. 71

Reflexões sobre conhecimento, currículo e ética 73
- *Ubiratan D'Ambrosio*
Considerações introdutórias 73
Comportamento e conhecimento 79
Sobre conhecimento 92
A metáfora do triângulo primordial 106
Sobre ética, comportamento e transdisciplinaridade 116
À guisa de conclusão 120
Referências bibliográficas 121

PARTE II – Pontuando e contrapondo 123
- *Nílson José Machado*
- *Ubiratan D'Ambrosio*
Referências bibliográficas 148

PARTE III – Entre pontos e contrapontos 149
- *Nílson José Machado*
- *Ubiratan D'Ambrosio*
- *Valéria Amorim Arantes*

Apresentação

Valéria Amorim Arantes[*]

Ampliar e aprofundar a análise sobre a teoria e a prática do ensino da matemática, bem como suas dificuldades, é o maior objetivo do livro que ora lhes apresento – *Ensino de matemática* –, o décimo primeiro da coleção Pontos e Contrapontos. Além de trazer diferentes e relevantes aspectos do ensino da matemática, a obra analisa tanto questões históricas quanto epistemológicas, sociais e políticas desse campo específico do conhecimento.

Seguindo a proposta editorial da coleção, o livro é composto de três etapas diferentes e complementares. Na primeira, que corresponde à Parte I, cada um dos autores discorre livremente sobre

---

[*] Professora livre-docente da Faculdade de Educação da Universidade de São Paulo e pesquisadora do Conselho de Desenvolvimento Científico e Tecnológico (CNPq).

o tema que lhe foi proposto, no caso, sobre o ensino de matemática, área na qual ambos são especialistas.

Para essa etapa, Nílson José Machado, professor titular da Faculdade de Educação da Universidade de São Paulo, produziu um texto no qual analisa, sob diferentes perspectivas, as dificuldades com o ensino de matemática. Partindo do princípio de que nossas concepções sobre o conhecimento influenciam nossas ações docentes, o autor apresenta uma análise epistemológica bastante aprofundada e elucidativa, lançando mão de diferentes imagens (balde, iceberg, elefante, entre outras). Antes, porém, alerta-nos sobre a fragmentação do conhecimento escolar, somada à falta de significados do que se estuda e à falta de interesse dos alunos pelos conteúdos escolares. Na sequência, Nílson envereda por uma reflexão específica sobre a matemática, defendendo que, como toda disciplina da escola básica, deve ser concebida como meio para a formação pessoal, além de apontar ações que podem ser eficazes na formação do cidadão. O texto é finalizado com uma aproximação entre a matemática e os contos de fadas e a possibilidade de transitarmos entre a realidade e a ficção nas aulas dessa disciplina.

O texto de Ubiratan D'Ambrosio, professor emérito da Universidade Estadual de Campinas, versa sobre diferentes aspectos da educação e das instituições escolares, em particular sobre o ensino da matemática. Para tanto, o autor promove uma reflexão multifacetada, apresentando estudos comparativos de cognição, aspectos filosóficos, epistemológicos, históricos, sociológicos, políticos e religiosos, além de questões ambientais. Para concluir, Ubiratan defende que a educação deve estar baseada em uma ética de respeito, solidariedade e cooperação para o convívio respeitoso, harmonioso e produtivo de várias culturas.

Na segunda etapa do trabalho – Pontuando e contrapondo –, cada autor, depois da leitura e da análise crítica do texto de seu parceiro de diálogo, formula quatro questões contemplando dúvidas e/ou eventuais discordâncias sobre as ideias contidas no referido texto. De posse de tais questões, cada autor esclarece, explica, defende, demarca, revê ou reorganiza seu pensamento, com o objetivo de pontuar e/ou contrapor as colocações de seu interlocutor. Nesse contexto, Nílson indaga Ubiratan sobre as dimensões conservadora e transformadora da educação, sobre as possíveis relações entre suas ideias sobre a natureza da matemática e as visões aristotélica e platônica, sobre a fragmentação do conhecimento e a inter e transdisciplinaridade e, ainda, sobre sua concepção de etnomatemática. As questões apresentadas por Ubiratan versam, entre outros temas, sobre interdisciplinaridade, transmissão de técnicas, método de projetos e a resolução de problemas no ensino da matemática.

Na terceira e última parte do livro – Entre pontos e contrapontos –, na qualidade de coordenadora da obra e mediadora do diálogo, apresento quatro perguntas comuns aos dois autores. Nesse caso, com o objetivo de trazê-los ainda mais para o "chão da escola" e para as práticas docentes, proponho que discorram sobre os conteúdos mínimos da matemática a ser ensinados nas instituições escolares, a formação dos professores de matemática no contexto brasileiro e o conceito de aprendizagem baseada em problemas (ABP) no ensino dessa disciplina. Por fim, peço a eles que indiquem caminhos que favoreçam transformações nos espaços, tempos e nas relações escolares com vistas a uma educação de qualidade.

Os pontos e contrapontos tecidos no diálogo estabelecido pelos autores Nílson Machado e Ubiratan D'Ambrosio conduzem-nos a uma disciplina concebida como meio para a transformação pessoal e para o exercício da cidadania. Esperamos, com este livro, que tais ideias cheguem às instituições escolares e tragam melhorias para o ensino de matemática!

PARTE I
Ensino de matemática

Nílson José Machado
Ubiratan D'Ambrosio

Ensino de matemática: das concepções às ações docentes

Nílson José Machado

Introdução: dificuldades com a matemática

Periodicamente, resultados de avaliações ou pesquisas acadêmicas chamam a atenção de todos para um fato basal: ressalvadas as exceções de praxe, de modo geral o ensino de matemática nas escolas básicas vai mal.

A convergência de opiniões sobre tal tema esgota-se, no entanto, na constatação do fato: diagnósticos e ações para remediar os problemas costumam ser amplamente divergentes. Referências à formação deficiente dos professores ou à ausência de condições ou de materiais didáticos adequados, mesmo quando pertinentes, parecem muito genéricas, diluindo-se em cenários de carência econômica. Outras perspectivas focalizam tecnicalidades no ensino de conteúdos específicos, multiplicando os remédios tópicos, de efeito apenas analgésico. Hoje, há ainda aquelas que associam as dificuldades a uma patologia: em vez de dificuldades com matemática, sofre-se de "discalculia". Há pouco tempo, em jornal de grande circulação, um suposto formador de opinião anunciou em grande estilo em sua página de análises políticas que sofria desse mal, justificando, assim, toda a limitação que sempre sentira em tal temática.

Aqui, as dificuldades com o ensino de matemática serão examinadas de outra perspectiva. Nosso ponto de partida é o fato, também basal, de que nossas concepções sobre o conhecimento, sobre a matéria que buscamos ensinar influenciam decisivamente nossas ações docentes. Se um professor associa o ato de ensinar à meta de "dar a matéria", no sentido de encher a cabeça dos alunos de "conteúdos", sua prática educacional, suas ações de planejamento e avaliação serão tributárias de tal concepção; se pensa a matemática como um tema essencialmente "abstrato", "exato", especialmente "difícil", os resultados que obtém decorrem naturalmente de tais pressuposições.

Em temas bem pragmáticos, em cursos de administração, tal interdependência há muito é reconhecida e explorada: um exemplo interessante é o livro de Gareth Morgan intitulado *Imagens da organização*, no qual são ilustrados os diferentes estilos de gestão que decorrem do modo como se imagina o funcionamento de uma organização: um organismo, um exército, uma máquina, uma cultura etc.

Na antessala da apresentação das diversas imagens para o conhecimento a ser exploradas na dinâmica escolar, serão analisadas certas circunstâncias referentes aos currículos atuais, que se apresentam excessivamente fragmentados, multiplicando-se o número de disciplinas – ou pseudodisciplinas – a ser apresentadas aos alunos. Alguns meios para a interdisciplinaridade, ou para a integração temática, serão vislumbrados.

Em seguida, examinaremos algumas das mais representativas imagens que balizam a construção do conhecimento, nas diferentes áreas: conhecer é como encher um balde de matéria; é como construir encadeamentos lógicos; é como tecer fios interligando temas e construindo redes de significados; é como construir um iceberg, em que equilibramos os aspectos explícitos com a dimensão tácita do que se conhece. Uma associação direta entre tais imagens e as ações docentes mais corriqueiras, como são o planejamento e a avaliação, será explicitada, especialmente no que se refere à atualíssima imagem do conhecimento como rede, que emerge da noção de tecer significados.

O passo seguinte será examinar o caso específico da matemática, buscando elaborar uma imagem da disciplina que favoreça ações docentes eficazes na formação do cidadão comum, que não é, nem busca ser, especialista no tema. Como todas as disciplinas da escola básica, a matemática é um meio para a formação pessoal, desempenhando papel fundamental na articulação entre a expressão e a compreensão de fenômenos; entre a análise argumentativa e a síntese que favorece a tomada de decisões; entre o enfrentamento de questões que a realidade concreta continuamente apresenta e o recurso a instrumentos abstratos que constituem meios de aproximação de tal realidade.

Para fechar o círculo, na parte final do texto, abordaremos um paralelismo nas funções desempenhadas nos currículos do ensino fundamental por dois temas aparentemente díspares, mas estruturalmente similares: a matemática e os contos de fadas. De fato, a estrutura binária organiza ambos os temas: a dupla verdadeiro/falso (V/F) esgota as possibilidades de classificação das proposições matemáticas de modo análogo ao da caracterização dos heróis e dos vilões, das bruxas e das fadas, do Bem e do Mal nas histórias infantis. A vida não é matemática nem um conto de fadas, mas precisamos de ambos os temas em nosso percurso vital, na articulação dos significados, na construção do conhecimento. Se, por essa via, for possível lograr um contágio benéfico dos contos de fadas, tornando a matemática um pouco mais palatável para os que lidam com o tema, o esforço despendido já terá sido amplamente recompensado.

A escola e a fragmentação disciplinar

Já vai longe a época em que "ler, escrever e contar" expressavam o conjunto das matérias que se aprendia na escola. Hoje, o conhecimento escolar apresenta-se extremamente fragmentado. Um aluno do ensino médio assiste a um desfile de uma dúzia ou mais de disciplinas nas atividades rotineiras de cada uma das séries que cursa. Articular as diferentes perspectivas na construção do significado do que se estuda não é uma tarefa simples. A ausência ou a fragilidade das relações significativas conduz facilmente ao desinteresse. Os alunos interessam-se pela vida, são seduzidos por inúmeros temas extraescolares, mas desdenham dos escolares. O calcanhar de aquiles da escola básica é essa carência de interesse pelos conteúdos programáticos das diferentes disciplinas.

Fragmentação disciplinar, esgarçamento do significado e perda do interesse são efeitos naturalmente interligados. Na raiz dos três encontra-se a descaracterização da ideia de disciplina, e sua consequente proliferação acrítica. Tendo-se transformado em mero canal de comunicação entre a escola e a vida, a ideia de disciplina banalizou-se. Educação sexual, educação ambiental e matemática financeira são temas eventualmente muito interessantes para aulas de biologia, geografia ou matemática, mas decididamente não têm o estofo de uma disciplina.

Em sentido próprio, uma disciplina é um meio de trazer o conhecimento em sentido pleno para a sala de aula. Representa uma mediação entre a criação do conhecimento e sua aprendizagem, entre a produção e a transmissão do conhecimento. Para constituir o conhecimento escolar, a ciência, o conhecimento institucionalizado precisa ser organizado, disciplinado, subdividido, articulado em um currículo, ou em um conjunto de vias, para a tramitação dos conteúdos; as vias são as disciplinas. Desde sua origem, a ideia de currículo está associada à de caminhos a ser percorridos, a cursos ou percursos.

O primeiro currículo de que se tem registro na história do pensamento ocidental é o *Trivium*, ensinado nas escolas e universidades da Idade Média. Representava um conjunto de três disciplinas (três vias): gramática, lógica e retórica, consideradas fundamentais para a formação das pessoas. Daí origina-se a palavra trivial: o que todos devem saber. A gramática visava ao conhecimento da língua materna, elo fundamental na constituição da vida coletiva. Tratar mal a língua materna era um atestado de incivilidade. A lógica — entendida como dialética — era um instrumento a serviço do desenvolvimento da capacidade de argumentação, necessário para fundamentar a tomada de decisões. E a retórica consistia no exercício da competência na escolha de formas de falar e argumentar a fim de produzir o convencimento dos ouvintes. Sua presença no currículo era uma declaração expressa de que falar corretamente e até argumentar com discernimento não bastam: é preciso interessar-se pelo outro.

O *Trivium* tinha uma arquitetura harmoniosa: as três disciplinas complementavam-se na busca de uma formação básica das pessoas. Depois dele, vinha o *Quadrivium*, um currículo de aprofundamento que consistia em mais quatro disciplinas: aritmética e música; geometria e astronomia. As duas primeiras eram consideradas o estudo dos números (em repouso, aritmética; em movimento, música); as duas seguintes consistiam no estudo das formas (em repouso, geometria; em movimento, astronomia). Em conjunto, as sete disciplinas citadas constituíam o currículo para a formação integral daqueles que estudavam. Na época, a escola não era para todos.

Com o advento da ciência moderna, a concepção de conhecimento modificou-se significativamente, dando origem a um novo conjunto de disciplinas. No século XVII, Descartes propôs a imagem de uma árvore para a representação do conhecimento. Suas raízes seriam a metafísica; o tronco, a física, entendida como filosofia natural; e os ramos, as diversas disciplinas, como a medicina, a mecânica, a óptica etc. Diferentemente do *Trivium*, a língua materna não tinha nenhuma presença de peso na representação cartesiana, que atribuía à matemática o papel de linguagem da ciência. A própria matemática não aparecia como disciplina localizada na árvore, mas como a seiva que continuamente a alimentava, ou seja, como condição de possibilidade do conhecimento.

A partir da segunda metade do século XIX e ao longo de todo o século XX, as disciplinas multiplicaram-se, os currículos tornaram-se muito complexos e perderam a unidade que os caracterizava nas fases iniciais. Continuamente, temas situados em regiões fronteiriças de disciplinas estabelecidas reivindicam o estatuto de novas disciplinas. A especialização crescente conduz à criação de disciplinas no interior das já existentes, verdadeiras intradisciplinas. Aos poucos, os currículos perderam a visão de totalidade, a pretensão de abrangência; as disciplinas deixaram de ser pensadas como vias, como meios para atingir fins que as transcendam.

Ao mesmo tempo, instalou-se uma espécie de intolerância disciplinar, em que os praticantes e estudiosos de cada tema defendem seu território com afinco, e proclamam que o conhecimento de seus conteúdos básicos é imprescindível a qualquer cidadão. Ao final do ensino médio, os vestibulares constituem um momento especialmente propício para a constatação de tal intolerância: é provável que a maior parte dos docentes ou pesquisadores de universidades prestigiosas não seja aprovada nos exames de ingresso às instituições em que leciona...

Naturalmente, a anomalia que tal fato representa tem origem na fragmentação excessiva dos conteúdos disciplinares. A falta de visão de conjunto da foto que se examina, um estudo pontual, precocemente especializado, só pode conduzir a tecnicidades insignificantes.

Na medida em que são mediações entre o conhecimento em sentido amplo, cada vez mais complexo, e o conhecimento escolar, necessariamente organizado em disciplinas, é natural que os currículos sejam multidisciplinares, mas é necessário equilibrar a tendência a uma fragmentação crescente, que se encontra na origem da perda de significado do que se estuda. Dado que o movimento de especialização crescente não tem retorno, é preciso equilibrá-lo com um movimento em sentido contrário, de ascensão em busca de uma visão mais abrangente da totalidade do conhecimento. Ao mesmo tempo que estudamos temas intradisciplinares cada vez mais finos, como o mapeamento genético, precisamos de conceitos cada vez mais abrangentes, como os que nascem no terreno da bioética. À decifração do genoma humano temos de associar reflexões mais densas sobre o significado da vida humana, da consciência pessoal, do início e do fim da vida.

Para lidar com o excesso de fragmentação, tendo em vista a compreensão do significado do que se ensina, um recurso eficaz é a atenção aos princípios norteadores de cada tema. É preciso concentrar-se em um pequeno número de ideias fundamentais de cada matéria; justamente pela posição basilar que ocupam, elas se irradiam por todos os assuntos, articulando-os e fazendo que cada disciplina transborde nas demais.

Para isso, é necessário passar a limpo o modo como se pensa sobre o conhecimento nas diversas disciplinas. Existem certas ideias preconcebidas renitentes que produzem, de modo tácito, efeitos colaterais indesejáveis. Explicitar tais interpenetrações é o objetivo perseguido a seguir.

Conhecimento: concepções e ações docentes

Imagens tácitas

Existem muitas imagens para representar o processo de construção do conhecimento. Conhecer é como encher um balde de matéria, como construir um cuidadoso encadeamento de temas, como tecer uma teia de significações, como fazer emergir a ponta de um iceberg de algo que já existe dentro de nós ou... tudo isso junto? Como se manifestam tais imagens no dia a dia, na sala de aula?

Qual é a importância de conhecê-las, de explorá-las? Existe uma imagem que seja a "correta" no sentido de descrever adequada e completamente os processos cognitivos?

Neste tópico, tais questões serão examinadas, buscando respostas que possam instrumentar o trabalho do professor. O fato é que cada uma dessas imagens está associada a ações docentes bem características. É significativamente distinta a ação de planejar quando é inspirada pela ideia do encadeamento lógico ou pela de tecer uma rede. Ou a ação de avaliar quando é orientada pela imagem do enchimento do balde ou da emergência do iceberg. Ocorre ainda que certas práticas, absolutamente consentâneas com determinadas imagens, são incompatíveis com outras. Ao deixar-se orientar, portanto, por certa imagem, é importante para o professor adequar suas práticas, a fim de não mergulhar em um mar de incongruências. O grande complicador na busca de tal sintonia é o fato de que tais imagens operam tácita e sub-repticiamente. Pouco se fala delas, mas elas subjazem e agem de fato, organizando as práticas, inspirando modos de atuação. Buscar uma explicitação do modo como agem tais imagens é nosso objetivo.

"Conhecer é encher o balde de matéria"

Comecemos pela imagem do balde. Explicitamente, ao que tudo indica, não existem mais professores que imaginam os alunos como se fossem baldes vazios a ser preenchidos com a matéria que recebem na escola. Trata-se de uma imagem tosca, ofuscada por completo pelos sofisticados construtivismos de diferentes matizes. Porém, disfarçadamente no discurso e escancaradamente em algumas práticas docentes, o "baldismo" subjaz. Ele está presente, por exemplo, quando se fala em "nível do aluno", ou em "nível do conhecimento", ou em "conhecimento acumulado" – ou em outras expressões menos diretas. Ele permanece ativo quando se identifica a avaliação como um processo de medida: a nota seria como o indicador em uma vareta inserida no líquido/matéria contido no recipiente/aluno. Ou nos planejamentos que se reduzem a contabilizar o número de aulas dedicadas a cada assunto, como se se estivesse regulando a vazão da torneira que enche o balde/aluno de matéria. É, o balde não existe, mas está em toda parte.

"Conhecer é construir encadeamentos lógicos..."

Na organização do conhecimento escolar, em quase todos os níveis de ensino, a imagem hegemônica que orienta as ações educacionais é a do encadeamento, matriz do pensamento cartesiano, tão bem caracterizado no livro *Discurso do método* (Descartes, 1647).

Para Descartes, a construção do conhecimento só poderia ser confiável se o ponto de partida fosse constituído por "ideias claras e distintas". Assim, diante de uma tarefa complexa, em termos cognitivos, o método, ou o caminho, era um só: decompor, analisar, reduzir o complexo a ideias simples. A conta que se paga por tal redução chega rápido: o objeto do conhecimento é reduzido a fragmentos, esvaindo-se seu significado. Diante disso, outra vez, para Descartes, o caminho é um só: reconstituir o objeto por meio de uma enumeração exaustiva de suas partes simples, seguida de um encadeamento lógico entre elas, tendo como elos fundamentais proposições do tipo "se A, então B".

Quase toda a moldura da cultura ocidental resulta dessa matriz do pensamento cartesiano. Tal fato levou Tocqueville (1805-1859)

(1977, p. 321) a afirmar, ao analisar o modo de pensar dos americanos, que eles seguem rigorosamente os preceitos cartesianos, ainda que nunca tenham lido nem venham a ler Descartes. No solo firme do *Discurso*, enraízam-se, portanto, no cenário ocidental, as palavras de ordem do discurso educacional, como "pré-requisitos", "seriação", "ordem necessária para os estudos", entre outras. No mesmo sentido, consolidam-se metáforas metodológicas de grande aceitação, como a que associa a construção do conhecimento à construção de uma casa, ou à percepção de uma imagem fotográfica. No primeiro caso, tem-se como um dado *a priori* que o ponto de partida na construção do conhecimento, os alicerces, as bases, não havendo sentido em pensar-se nas paredes ou no teto de uma casa cujas fundações não são confiáveis. Considerar essa metáfora em sentido literal está na origem de tantas reclamações por parte de professores quanto à suposta "falta de base" de seus alunos. No segundo caso, considera-se como fato indiscutível a suposição de que uma foto é construída/percebida ponto a ponto: para ver uma paisagem complexa, seria necessário discernir antes seus pontos/ingredientes; somente então, ponto a ponto, a foto seria composta. Grande parte da linguagem da didática é tributária desta última pressuposição, como é o caso, por exemplo, das "listas de pontos" a ser estudados em provas ou concursos.

De modo geral, as máximas cartesianas predominam na organização de todo o sistema escolar, mas sua influência é mais aguda à medida que se avança para os níveis superiores do ensino. A análise dos livros didáticos utilizados, nas diversas disciplinas, revela certa cristalização de percursos no tratamento dos conteúdos dos programas, o que conduz a uma aparência de ordem necessária dos assuntos apresentados. A ideia de que alguns assuntos devem ser ensinados antes de outros é em geral superestimada, ignorando-se uma rica diversidade de contextos, de centros de interesse e de possibilidades de percursos. Nos cursos superiores, as palavras de ordem cartesianas têm conduzido, muitas vezes, a um enrijecimento excessivo das estruturas curriculares, reduzindo toda a possibilidade da composição pessoal de um cardápio de estudos a um estreito leque de optativas e não favorecendo uma formação pessoal, ou mesmo uma teia de interações mais efetivas entre as diversas disciplinas componentes dos currículos dos diversos cursos. Os próprios professores organizam-se em departamentos, cujo significado pode ser apreendido pelo elenco de disciplinas que oferecem e cuja articulação lógica com os demais departamentos é deveras restrita, limitando-se, quase sempre, a aspectos formais ou administrativos. Assim, as possibilidades de uma convivência acadêmica, de uma interação intelectual efetiva, de uma partilha de conhecimentos tácitos desenvolvidos individualmente no exercício do trabalho acadêmico ficam restritas a momentos situados à margem da organização do ensino, ou dependentes de situações fortuitas, fruto de iniciativas isoladas.

A hegemonia é tão marcante que se chega mesmo a inquirir: poderia ser de outra forma? Sem dúvida, poderia, e o recado está sendo transmitido, continuamente, pela forma como o conhecimento se organiza no mundo do trabalho, nos setores de produção. Analisaremos, agora, tal ponto.

"Conhecer é tecer uma rede de significados..."

De início, é importante registrar que, sobretudo a partir do século XIX, o mundo do trabalho acolheu, aos poucos, a perspectiva cartesiana como padrão de organização. Na produção de automóveis, a linha de montagem traduz com perfeição o esmigalhamento de uma tarefa complexa, reduzida à realização de microtarefas, esvaziadas de sentido mas devidamente encadeadas para garantir, em algum sentido, a eficácia da produção. Chaplin captou com maestria a dimensão caricata de tal redução em *Tempos modernos*, filme de 1936. Nos últimos 30 ou 40 anos, no entanto, outros padrões de organização têm ocupado cada vez mais espaço, inspirados, em grande parte, na utilização intensiva de tecnologias informáticas. De modo geral, é possível reconhecer uma crescente valorização do trabalho em equipe, do envolvimento coletivo na realização de um projeto, da interação entre os participantes, além de maior flexibilidade/mobilidade na atribuição de tarefas. É nesse cenário que se enraíza e se irradia, tanto em sentido literal quanto em sentido metafórico, a palavra "rede".

A imagem da rede constitui uma nova perspectiva como representação metafórica da construção do conhecimento. Segundo tal ponto de vista, o conhecimento é como uma grande teia – de forma específica, uma grande rede de significações. Os nós são os conceitos, as noções, as ideias, os significados; os fios que compõem os nós são as relações que estabelecemos entre algo, ou um significado que se constrói, e o resto do mundo. Iniciar essa teia não constitui – nunca constituiu – um problema escolar: todos os alunos já chegam à escola com uma prototeia de significações, engendrada pelo domínio da língua em sua forma oral. À escola cabe ampliar, desenvolver mais acuradamente aqui e ali, enriquecer as relações percebidas, nunca iniciar do zero a construção das significações.

Nos processos de ensino, para percorrer essa rede, é preciso encadear significações, alinhavar percursos. Cada curso que se organiza constitui um percurso sobre uma teia de significações. Mas não existem encadeamentos únicos, percursos absolutamente necessários, sendo sempre possível arquitetar uma grande diversidade de caminhos para articular dois nós/significações.

Uma associação natural e interessante é a da ideia de rede como imagem do conhecimento e as redes informáticas, especialmente a World Wide Web (www), criada nos primeiros anos da década de 1990. Sem dúvida, a ideia de rede como imagem emergente para a representação do conhecimento é inspirada, em grande parte, nas tecnologias.

Para explicitar a fecundidade da ideia de rede, examinaremos de modo sucinto algumas de suas características, que podem ser associadas tanto às redes em sentido técnico (redes de computadores) quanto à rede como imagem do conhecimento. Trata-se de palavras-chave, que participam da constituição da imagem da rede, tal como os termos "decomposição", "encadeamento", "pré-requisitos" ou "seriação" participam da imagem da cadeia como metáfora para o conhecimento. "Acentrismo", "historicidade" e "heterogeneidade" são algumas das características que abordaremos a seguir.

Comecemos com o acentrismo. A teia de significados que representa o conhecimento não tem centro. Ou talvez o centro esteja em toda a parte, o que equivale a afirmar a inexistência de um centro absoluto. Como o universo da cultura, o do conhecimento tem apenas centros de interesse. É nossa atenção que elege centros, diretamente associados às circunstâncias que nos regulam, às relações que vivenciamos. Para tratar dos mais diversos conteúdos, dentro de cada disciplina ou em temas transdisciplinares, não existe algo como um ponto de partida necessário, nem um único caminho a ser seguido. Múltiplas são as portas de entrada na rede de significações, e partilhá-las é o que importa: a porta por onde se adentrou a rede perde-se na memória. Múltiplos são os percursos possíveis na estruturação, no planejamento dos trabalhos de uma disciplina ou de um curso. Tais pontos de vista, porém, permanecem muito distantes da organização da escola, em seus diversos níveis. A imagem do encadeamento, da ordem necessária para a apresentação dos conteúdos continua amplamente hegemônica. Os currículos e os livros didáticos, de modo geral, reforçam tal perspectiva, cristalizando percursos e alimentando a impressão da necessidade de uma ordem igual para todos os contextos. No caso da universidade, a introdução de disciplinas optativas constitui, em geral, apenas um paliativo: os currículos permanecem essencialmente como encadeamentos rígidos, que limitam os alunos mais criativos e punem os "dissidentes". A emergência da ideia de rede contrapõe-se a isso, favorecendo a construção de diversos centros de interesse.

Uma segunda característica importante das redes de significações como imagem do conhecimento é o fato de elas estarem em permanente estado de atualização – sua natural historicidade. Continuamente, relações são incorporadas à rede ou abandonadas por não refletirem mais articulações vivas entre os objetos ou os temas envolvidos. Em outras palavras, a construção do conhecimento é permanente, viva, nunca se pode fundar em definições fechadas, nunca é definitiva. A contínua metamorfose, ou a natural historicidade dos conceitos, é uma regra fundamental.

Um professor de matemática, por exemplo, que pretende introduzir a ideia de logaritmo recorrendo a características do tema como a transformação de multiplicações em adições, ou, de modo geral, à simplificação de cálculos, provavelmente não será entendido pelos alunos: com tantos instrumentos para a realização de cálculos, quem poderia estar interessado em um recurso tão pouco natural como os chamados "logaritmos naturais"? Hoje, os logaritmos constituem um tema mais importante, talvez, do que no século XVII, quando foi desenvolvido. Mas o feixe de relações que caracteriza tal ideia é bem distinto. A simplificação de cálculos tornou-se um coadjuvante menor. O protagonismo fica por conta de crescimentos ou decrescimentos de grandezas que variam em um espectro muito largo e são convenientemente representadas por potências de 10, ou de outra base qualquer. Os logaritmos – nome extravagante para "expoente" – são elementos fundamentais nessa linguagem "exponencial", associada à determinação da magnitude de terremotos (escala Richter), ao caráter ácido ou básico de uma solução (pH), a intensidades sonoras (decibel) ou ao crescimento ou decrescimento exponencial de certa quantidade de uma substância radiativa. Todas as escalas logarítmicas mencionadas têm origem no século XX, constituindo elementos fundamentais no feixe de relações que caracteriza hoje a ideia de logaritmo.

É importante mencionar que o caso dos logaritmos não apresenta nenhuma excepcionalidade: de uma forma ou de outra, a necessidade de atualizações de significado constitui a regra geral. Tal fato, porém, não pode servir para desestruturar nossas crenças nem para relativizá-las de modo absoluto. Os significados evoluem e podem transformar-se, mas o argumento básico em defesa de sua construção na perspectiva de que sejam eternos – enquanto durem – é o fato de que as próprias transformações de significado têm significado. As redes de significações não se metamorfoseiam aleatoriamente, ou como um caleidoscópio. Para apreender o sentido das transformações, o caminho é um só: é preciso estudar história. Ninguém pode ensinar nenhum conteúdo, das ciências às línguas, passando pela matemática, sem uma visão histórica de seu desenvolvimento. É na história que se podem perceber as razões que levaram tal ou qual relação, tal ou qual conceito a ser constituído, reforçado ou abandonado. É na história que buscamos o significado das transformações – de significado.

A despeito de tal fato, em todos os níveis de ensino, a relevância da história não parece proporcional à sua importância efetiva na construção do conhecimento. Sobretudo na universidade, muito além do âmbito dos historiadores profissionais, ou dos que se debruçam sobre uma temática fecunda, ainda que autocentrada, como costuma ser a história da ciência, os estudos históricos deveriam ocupar espaço cada vez maior. Tanto como fonte de inspiração para a compreensão da contínua transformação de significados das ideias, das noções, dos conceitos quanto como antídoto para o fascínio da tecnologia, com seu visceral desprezo pelo passado.

Uma terceira característica das redes como imagem do conhecimento é a heterogeneidade. A imagem da rede lembra-nos de que os nós/significados são naturalmente heterogêneos, no sentido de que envolvem relações pertencentes a múltiplos conteúdos, a diversas disciplinas. As noções, os conceitos de fato relevantes sempre terminam por ultrapassar as fronteiras disciplinares. Um conceito como o de "semelhança" pode ser apresentado pelo professor de matemática a seus alunos de maneira estritamente disciplinar: os casos de semelhança de triângulos são examinados de modo analítico. Operam-se classificações e demonstram-se teoremas ou relações entre os elementos envolvidos, exemplifica-se... e passa-se a outro tema. Por certo tal tratamento é possível, ainda que sempre signifique um empobrecimento no significado da noção em tela. De fato, a ideia de semelhança pode ser naturalmente associada a fotografias, ampliações, reduções, maquetes, mapas e com relações de proporcionalidade entre partes do corpo humano, entre outros temas.

Insistimos no fato de que, em termos disciplinares, a heterogeneidade e toda tentativa de homogeneização são artificialmente construídas. Uma criança de 4 ou 5 anos começa a interessar-se por letras e números mais ou menos simultaneamente, sem distinções disciplinares do tipo "Letra é português, número é matemática"; à medida que avança no processo de escolarização, as fronteiras disciplinares tendem a ser crescentemente demarcadas. Aos poucos, o conhecimento escolar organiza-se em compartimentos disciplinares, a ponto de, sobretudo a partir da segunda metade do ensino fundamental, a disciplina que se ensina passar a ser o canal de comunicação decisivo na relação professor/aluno, no processo de ensino/aprendizagem. Se nas séries iniciais somos professores de crianças, a partir do quinto ano passamos a ser professores de matérias, de disciplinas. E, além de perdermos o contato com o aluno como pessoa, contribuímos para acentuar um estágio de fragmentação do conhecimento, de esmigalhamento do sentido que se torna bastante explícito por ocasião dos exames vestibulares. Na universidade, tal tendência pode ainda acentuar-se, devido à fraca interação entre algumas das unidades ou departamentos que receberão os alunos e ao crescente convívio de professores e alunos apenas com "especialistas" de temáticas contíguas.

Outras características das redes poderiam ser mencionadas, mas vamos nos limitar às três citadas. A imagem do conhecimento que se constrói de acordo com tais características é muito distinta do encadeamento linear cartesiano, estando a organização das ações docentes, como o planejamento ou a avaliação, diretamente associada à imagem subjacente. Uma superação da excessiva fragmentação disciplinar, da rigidez na estruturação dos currículos, da redução nos espaços do conhecimento aos limites das salas de aula, da estreiteza no espectro de instrumentos de avaliação é favorecida, seguramente, pela consideração da imagem da rede na representação do conhecimento.

"Conhecer é construir um iceberg..."

Uma quarta imagem para compor o cenário é a do conhecimento como um iceberg. Nesse caso, a ideia norteadora é a de que nosso conhecimento sobre qualquer tema é sempre apenas parcialmente explícito, ou passível de explicitação, sendo, em sua maior parte, tácito, subjazendo como a parte submersa de um iceberg. Cada um de nós sempre sabe muito mais, sobre qualquer assunto, do que aquilo que consegue explicitar, expressar em palavras. Os mecanismos da percepção são muito mais ricos e complexos do que imaginam as simplificadas teorias baseadas em associações do tipo estímulo/resposta. Também como docentes, sempre ensinamos muito mais do que pretendemos explicitamente, para o bem e para o mal, servindo de exemplo ou de contraexemplo. A parte submersa do conhecimento de que dispomos, que aprendemos ou ensinamos é, porém, fundamental para a sustentação do que conseguimos explicitar. A educação escolar formal seria sempre orientada pela busca de uma ampliação na capacidade de explicitação. Um adulto não escolarizado sabe muitas coisas, mas busca na escola o desenvolvimento de tal capacidade. Como seres humanos, nosso conhecimento pessoal sempre estaria representado por esses dois domínios fundamentais: o tácito e o explícito. Articulá-los, arquitetando estratégias de emergência do tácito, seria a função precípua do trabalho escolar. Mas é muito conhecido o fato de que nunca será possível explicitar tudo que se conhece. Assim como em cada pessoa convivem e articulam-se as dimensões consciente e inconsciente, também estamos "condenados" a um permanente ir e vir entre o que se sabe tacitamente, o que se incorporou por meio de vivências, hábitos ou estratégias culturais e o conhecimento de que precisamos dar "provas" explícitas nos processos de avaliação.

Imagens do conhecimento: os cegos e o elefante

Representadas essas quatro imagens no cenário epistemológico – balde, cadeia, rede, iceberg –, qual seria a imagem mais adequada para caracterizar os processos cognitivos? Qual deveria ser a escolha do professor para orientar melhor sua prática docente? A resposta é muito simples: tais questões não fazem o menor sentido. Há uma história muito conhecida, segundo a qual seis cegos que encontram um elefante tentam descrevê-lo, cada um recorrendo a uma imagem particular. Um deles, passando as mãos no corpo do animal, imagina-o como uma grande parede; outro, abraçando uma de suas patas, associa-o ao tronco de uma árvore; outro, alisando suas presas, compara-o a uma espada; outro, ainda, ao segurar seu rabo, imagina-o como uma corda... Cada um projeta uma perspectiva com base na percepção imediata pelos sentidos. E, claro, a pergunta "Qual dos seis tem razão?" não tem o menor sentido. Qualquer um que jure ser um elefante idêntico a uma parede estará delirando. Como estará também quem garantir que ele seja um tronco de árvore. Para construir uma imagem do elefante, precisamos compor as diversas perspectivas que emanam das percepções particulares de cada um dos cegos. Diante das imagens do conhecimento, sentimos algo parecido. Cada imagem propicia uma perspectiva, uma "visão" parcial do elefante/conhecimento. Se nosso interesse é conhecer o conhecimento, ou conhecer como se conhece, tal como os seis cegos, devemos compor imagens. É dito que conhecer é acumular. Não começamos do zero, todos os dias. Mas a ideia de acumulação é insuficiente para caracterizar o conhecimento. Também é dito que, para conhecer, precisamos aprender a esquecer. Quem guarda absolutamente tudo termina por perder a capacidade de se ater ao que é fundamental, por tornar-se incapaz de abstrair, de pensar e, por conseguinte, de conhecer. Outra premissa é a que conhecer é encadear. Sem dúvida, qualquer narrativa pressupõe, como já foi dito, um encadeamento. Mas existe uma liberdade imensa nessa organização linear, e a organização da escola em geral trabalha muito pouco essa possibilidade de múltiplos percursos na exploração da teia de significações. Há, claro, o fato de que conhecer é como tecer, enredar, articular por meio de temas aparentemente desconectados. E há a dimensão tácita do conhecimento, que é imprescindível para a caracterização deste, uma vez que nada parece mais visível do que o fato de conhecermos muito mais do que conseguimos expressar. O próprio fato de que imagens do conhecimento como as quatro antes referidas orientam as ações docentes e influenciam na organização da escola — ainda que pouco falemos delas, ainda que elas operem de forma tácita — é revelador da relevância da dimensão tácita do conhecimento. Diante do conhecimento somos como os seis cegos.

Em busca de uma visão sintética: conhecimento e cultura

Como se depreende do que foi examinado até aqui, duas são as características mais marcantes – e conflitantes – da organização do conhecimento, da escola básica à universidade. Em primeiro lugar, há as pressuposições cartesianas de decomposição e encadeamento, a pretensão anticartesiana de objetividade do conhecimento que atribui pouco ou nenhum valor ao chamado "conhecimento subjetivo". Na medida em que, para Descartes, todo conhecimento deriva do sujeito pensante, ou "existo porque penso", filósofos alinhados com as correntes mais prestigiosas do neopositivismo buscaram sanar tal "deficiência" do cartesianismo estabelecendo as bases firmes de um "conhecimento objetivo". É precisamente esse o título de um denso e influente livro de Karl Popper – *Objective knowledge* –, com diversas versões em português. Desqualificando por completo a componente pessoal do conhecimento, Popper (1975, p. 77) afirma: "Simplesmente não existe conhecimento subjetivo puro, genuíno, ou não adulterado".

Existe algo de paradoxal, ou mesmo de esquizofrênico, na convivência dessas duas características do conhecimento, ambas hegemônicas relativamente a outros pontos de vista. Como se sabe, para corrigir o "desvio" cartesiano, Popper postulou a existência de três mundos: o mundo 1, chamado físico; o mundo 2, de nossas experiências pessoais conscientes, relativas ao mundo 1; e o mundo 3, que é o dos conteúdos lógicos dos livros, das bibliotecas, da memória do computador etc., único lugar do conhecimento "objetivo". Todo conhecimento do mundo 2 (conhecimento "subjetivo") seria, segundo Popper, dependente de teorias formuladas linguisticamente no mundo 3, onde sobrevivem as máximas cartesianas de decomposição e encadeamento lógico.

Uma perspectiva inteiramente diversa é a de Polanyi, em sua obra fundamental intitulada *Personal knowledge* (1958), que permanece sem versão em português. Para esse autor, o conhecimento é sempre pessoal, nunca podendo ser reduzido às representações codificadas em livros ou organizadas em teorias. Cada um de nós, sobre qualquer tema, sempre sabe muito mais do que consegue codificar ou explicitar em palavras. Em seu instigante livro, Polanyi expressou tal fato representando o conhecimento pessoal como um grande iceberg, como já abordamos anteriormente. Um atleta, por exemplo, pode demonstrar extrema competência na realização de determinada prova, ainda que não consiga explicar em palavras as ações que realiza. Por razões análogas, um aluno pode conhecer um assunto e não ter um bom desempenho em uma prova ou, simetricamente, alguém pode discorrer de modo pertinente sobre valores sem apresentar uma prática minimamente consentânea com eles.

Segundo Polanyi (1983, p. 95), a necessária convivência e o equilíbrio dinâmico entre as dimensões tácita e explícita do conhecimento constituem uma característica humana fundamental. Ainda que ele rechace com veemência a identificação, no ser humano, do tácito com o inconsciente e do explícito com o consciente, é possível, no entanto, estabelecer uma comparação entre as relações tácito/explícito e consciente/inconsciente. De fato, tal como elementos ou motivações inconscientes são inerentes à constituição de todo ser humano, orientando sem determinações as ações ordinariamente realizadas, e não sendo possível vislumbrar a existência de um indivíduo saudável cuja unidade/totalidade pudesse ser caracterizada apenas pela sua dimensão consciente, a permanente interação entre as componentes tácita e explícita do conhecimento não constitui um "defeito" do ser humano, mas um elemento distintivo imanente, fundamental e quase sempre subestimado.

Na perspectiva do autor, a organização do conhecimento na escola concentra-se excessivamente no explícito, no que é verbalizável, ainda que nunca venha a ser sentido ou vivenciado de modo pleno pelos sujeitos. As atividades escolares privilegiam o explicitável, tanto no desenvolvimento dos trabalhos quanto nos processos de avaliação, sendo frequentes os casos em que conteúdos disciplinares são transmitidos pelos professores – e devolvidos pelos alunos nas provas – sem que ocorra uma "incorporação" efetiva, caracterizada por Polanyi por meio de um neologismo: *indwelling*. Uma tradução aproximada desse termo poderia ser "residir em": o conhecimento escolar quase nunca chega a "residir" no aluno, que o recebe e o devolve apenas no âmbito do explícito.

Em outras palavras, os conteúdos disciplinares em geral examinados o são na forma escrita, expressos por meios linguísticos ou lógico-matemáticos, permanecendo ao largo todos os elementos subsidiários que os sustentam. Na organização das ações docentes seria necessário considerar que tão importante quanto alimentar o conhecimento explícito é sua incorporação efetiva por parte dos alunos. Além disso, numa perspectiva de extração, ou de dedução, que se aproxima da maiêutica socrática, a tarefa básica do professor seria a construção de estratégias de emergência de conhecimentos tácitos, resultantes tanto de atividades escolares quanto de vivências fecundas em ambientes extraescolares.

Nas empresas, a importância do conhecimento tácito já vem se explicitando há algum tempo. Nos últimos dez anos, muitos livros sobre economia ou administração trazem no título a palavra "conhecimento" ou outra correlata: "conhecimento empresarial", "capital intelectual", "criação do conhecimento na empresa", "conhecimento como ativo" são apenas alguns exemplos. Em quase todos eles, os livros de Polanyi são citados, com maior ou menor intensidade, em geral em um contexto de valorização do conhecimento que vai além das tarefas costumeiramente realizadas. E, dado que a partilha do tácito não pode ser considerada uma atividade espontânea, busca-se arquitetar estratégias de emergência, em ambientes variados. Nas escolas regulares, tais preocupações ainda parecem muito distantes, tanto no que se refere ao conhecimento dos alunos quanto no que diz respeito ao dos professores.

No que tange à organização do conhecimento na universidade, a necessidade da busca de uma relação mais adequada entre o tácito e o explícito revela-se principalmente no problemático equacionamento das relações entre os elementos do par cultura/educação.

De fato, a cultura é o natural sítio do tácito, onde a arte e os valores são incorporados, cultivados e partilhados. Por certo, em termos culturais, existem momentos de explicitação, como são as festas, os rituais, as exposições e as comemorações de diferentes naturezas. Tais momentos, no entanto, constituem apenas a ponta do iceberg: o fundamental subjaz, tacitamente. Se tudo se comemora, nada é comemorado; se todos os momentos são de festa, descaracteriza-se o festejar; e o excesso de rituais conduz, quase sempre, à banalização deles.

Hoje, a universidade parece imediatamente associada à produção científica que gera tecnologia, sendo possível ouvir defesas enfáticas da necessidade de uma sintonia fina entre a formação universitária e a preparação para o trabalho, ou entre a produção acadêmica e a geração de tecnologias. É importante lembrar, no entanto, que, como instituição, a universidade nasceu relacionada à preservação da cultura e nesse sítio manteve seu centro de gravidade por muitos séculos. Apenas a partir da Revolução Industrial do século XVIII, com o surgimento das primeiras escolas superiores de formação profissional, iniciou-se um lento deslocamento de tal centro de gravidade no sentido da preparação para o mundo do trabalho e da produção de tecnologias relacionadas com ele.

A subestimação do papel da cultura é tão nítida que, nas formas de estruturação mais frequentes, a organização da universidade reserva uma relação mais direta com a cultura a uma de suas várias pró-reitorias. Além disso, a chamada Pró-Reitoria de Cultura e Extensão divide suas atenções com outro componente, epistemologicamente difuso, como é a extensão de serviços à comunidade.

Sem dúvida, tal como o tácito é subvalorizado em benefício do explícito, a cultura perdeu terreno na organização da universidade. Muitas energias são empregadas para garantir uma nem sempre entendida indissociabilidade entre o ensino, a pesquisa e a extensão de serviços à comunidade, enquanto é apenas tangenciada outra indissociabilidade, de fato fecunda e decisiva: a que deve existir entre a cultura e a educação. Questões epistemologicamente menores, como as polarizações formação geral/formação específica, ou "cultura geral"/conteúdo disciplinar, não passam de situações particulares da questão de fundo: tal como não se pode falar de projetos sem uma arquitetura de valores que os sustentem, nem de transformação sem a consciência do que deve ser conservado, não se pode falar em educação sem cultura e vice-versa.

A diminuição relativa da importância da cultura na universidade, com o deslocamento do foco das atenções para a formação profissional e para o desenvolvimento tecnológico, simboliza, em outro nível, a progressiva subsunção do conhecimento em sentido amplo – que inclui a arte como uma forma de conhecer, por exemplo – pelo chamado conhecimento científico, e, mais fragmentadamente ainda, pelo conhecimento disciplinar. A palavra "cientista" foi utilizada pela primeira vez no século XIX; antes, não havia "cientistas", mas filósofos, que buscavam a sabedoria em sentido amplo. Hoje, os cientistas mais valorizados são os que ostentam o rótulo adicional de "especialistas" em uma disciplina, ou em uma subdisciplina, ou em um fragmento ainda menor de uma componente disciplinar. A necessidade de uma visão transdisciplinar integradora faz-se notar em todos os terrenos. Por exemplo, ao mesmo tempo que pesquisas como as correspondentes ao Projeto Genoma ocupam páginas e páginas de jornais e revistas, nunca se falou tanto nos mesmos meios de bioética, nunca se reivindicou tanto a necessidade de uma reflexão sobre valores no terreno da produção científico-tecnológica.

Nos últimos anos, um número crescente de empresas tem se concentrado na preparação direta de seus próprios profissionais, constituindo o que tem sido chamado de "universidades corporativas". Tal expressão pressupõe, sem dúvida, certa tolerância terminológica que não nos cabe examinar aqui: mesmo com todo o estímulo ao desenvolvimento das instituições privadas de ensino superior, o próprio Ministério da Educação mantém certos critérios mínimos para o uso da palavra "universidade". Voltando ao ponto que aqui importa analisar, dificilmente uma universidade pública, por exemplo, pode disputar com uma empresa X a chancela de uma preparação mais adequada de profissionais para os quadros da própria empresa. Porém, na formação de um verdadeiro profissional, tanto quanto a competência técnica, conta a sustentação desta por uma arquitetura de valores socialmente acordados que conduzem a um compromisso público relacionado com a competência que se professa, como certo nível de autorregulação profissional, a qual funciona como o correlato da autonomia do cidadão, no âmbito do exercício de uma atividade remunerada. Sem tais ingredientes, a formação "universitária" reduz-se ao desenvolvimento de uma competência técnica que, por mais sofisticada que possa parecer, não distingue o profissional do mercenário, ou a uma ausência de compromissos outros que não os assumidos com os próprios pares, o que reduz o profissionalismo a uma de suas caricaturas: o corporativismo. Por mais que cultive a excelência em sentido técnico e de adequação ao universo do trabalho, em uma universidade corporativa o espectro de valores que orienta os projetos é muito estreito, limitando-se aos objetivos econômicos, aos projetos empresariais ou aos interesses que a sustentam.

De modo geral, portanto, ainda que não se possa diminuir a importância da universidade na formação profissional e na geração de tecnologias, é na construção coletiva de uma arquitetura de valores em sentido amplo que a função da universidade se revela fundamental e insubstituível. A associação da reflexão acadêmica a uma espécie de "inteligência" nacional, matriz de onde derivará a diversidade de projetos coletivos que constitui a vida e a autonomia do país, não pode ser compreendida sem uma relação direta com a germinação dos valores que sustentarão tais projetos. Uma "inteligência", mesmo que possa ser caracterizada como "científica", não pode carecer de uma arquitetura de valores, cultivados tacitamente na prática acadêmica e que compõem um espectro muito mais amplo do que o dos valores econômicos ou empresariais.

Com base no cenário até aqui composto sobre as concepções de conhecimento em suas relações com as práticas docentes, buscaremos agora examinar questões específicas sobre as concepções e o ensino de matemática. Desde o início de nosso percurso, a aposta fundamental consiste na ideia de que certas ideias preconcebidas — e frequentemente preconceituosas sobre tal tema — se situam na origem das dificuldades enfrentadas em seu ensino.

A matemática nos currículos

Dificuldades com a matemática

Em relação a esse tema, os extremos são muito frequentes: ama-se ou odeia-se a matemática. Para alguns, o tema é sedutor, lugar de harmonias, equivalências, simetrias, ordenações e relações caprichosas e surpreendentes, expressão de beleza que tangencia a poesia. Para outros, trata-se de um território árido, povoado por números frios e cálculos insípidos, compreensíveis apenas por especialistas, pessoas com dons especiais, do qual nos afastamos tanto quanto as necessidades do dia a dia nos permitem. E elas não nos permitem muito afastamento: tanto nos apreciadores quanto nos detratores, há uma clara consciência da importância do tema na comunicação e nas ações cotidianas.

Por outro lado, a anomalia nos resultados com o ensino de matemática nos diversos níveis escolares é amplamente reconhecida. Um aparente consenso quanto à existência de problemas não significa, no entanto, convergência nos diagnósticos.

Alguns afirmam que as dificuldades resultam de certas características intrínsecas da matemática. Sendo um tema que envolve constantemente o recurso a abstrações, ela exigiria de seus aprendizes e praticantes algumas aptidões peculiares, inatas. Outros pretendem que a origem dos problemas é de natureza didática, estando associada a metodologias hoje inadequadas. O que se observa, no entanto, é que muitas das novas metodologias representam apenas modificações periféricas nas práticas tradicionais, revestidas de uma linguagem mais atraente. Há quem culpe os currículos, acusando sua insuficiente atualização, que conduziria a uma cristalização nos conteúdos apresentados. Porém, as sucessivas propostas curriculares, nos mais diferentes países, não têm sido suficientes para alterar o panorama. Há os que concentram as críticas na insuficiente apresentação de aplicações práticas para os conteúdos ensinados, mas as crianças continuam a gostar muito de contos de fadas, distantes da vida cotidiana, e a fazer pouco caso dos conceitos matemáticos. Há ainda os que depositam suas fichas na falta de interesse dos alunos, ou em dissonâncias psicológicas na aprendizagem escolar. Entretanto, os alunos não são inapetentes em todos os temas, demonstrando grande entusiasmo com certos assuntos extraescolares.

Em cada uma das vertentes mencionadas, diversas reflexões buscam delimitar os problemas e propor ações corretivas. O primeiro grande desafio a ser enfrentado em uma nova inquirição é o de situar-se em meio a esse cipoal de perspectivas, tentando identificar algo que pareça perpassar todos os diagnósticos – ou que escape entre os dedos nas múltiplas análises. Conscientes da complexidade da tarefa a ser empreendida, vamos a ela.

Metodologia, epistemologia, psicologia... encantamento!

Cada uma das perspectivas apresentadas pode ser explorada com proveito. Metodologias, epistemologias, psicologias e modernizações curriculares de fato se relacionam com os problemas no ensino e na aprendizagem de matemática, mas existe um território, na região de confluência de todas essas vertentes, que nos parece merecedor de atenção especial. Consideramos que a maior fonte de dificuldades com a matemática resulta da falta de entusiasmo dos alunos pelo tema. Injustamente associada apenas a operações com números ou a técnicas de fazer contas, a matemática perde grande parte de seu encanto.

É certo que as ferramentas matemáticas nos ajudam a lidar com a realidade concreta. Seu uso reiterado no dia a dia e sua importância como linguagem das ciências, em todas as áreas, são indiscutíveis. Mas há algo na matemática que escapa a qualquer sentido prático/utilitário, que expressa relações – às vezes surpreendentes – e nos ajuda a construir o significado do mundo da experiência, no mesmo sentido em que um poema o faz. Um poema nunca se deixa traduzir em termos de utilidade prática: ele nos faz sentir, compreender, instaura novos sentidos, dá vida a contextos ficcionais. Não vivemos de ficções, mas a abertura propiciada pelo fictício é essencial. A matemática partilha com a poesia esse potencial de criar novos mundos, inspirados na realidade mas cheios de encantamento.

Para enfrentar as dificuldades com o ensino de matemática, mais do que despertar o interesse por suas aplicações práticas, é fundamental desvelar sua beleza intrínseca, sua vocação para a apreensão dos padrões e das regularidades na natureza, suas relações diretas com os ritmos, a música, as artes de modo geral. É necessário pensar e sentir, consumir e produzir, compreender e fruir os temas que estudamos. É preciso compreender a matemática como um sistema básico de expressão e compreensão do mundo, em sintonia e em absoluta complementaridade com a língua materna. Em outras palavras, é preciso reencantar a matemática – e, para tanto, a exploração de sua aproximação visceral com a língua materna é fundamental.

Matemática e língua materna nos currículos

Os currículos escolares, em todas as épocas e culturas, têm no par matemática/língua materna seu eixo fundamental. Gostando ou não do tema, as crianças estudam-no e os adultos utilizam-no em suas ações como consumidores, cidadãos, pessoas conscientes e autônomas. Todos lidam com números, medidas, operações, leem e interpretam textos e gráficos, vivenciam relações de ordem e de equivalência, argumentam e tiram conclusões válidas com base em proposições verdadeiras, fazem inferências plausíveis partindo de informações parciais ou incertas; em outras palavras, todos recorrem à matemática. Se a ninguém é permitido dispensá-la sem abdicar de seu bem mais precioso – a consciência nas ações –, que tal aceitarmos o convite para um passeio pelo tema, buscando ângulos que nos revelem suas faces mais afáveis, suas interfaces mais amigáveis?

O currículo como mapa

O objetivo principal de um currículo é mapear o vasto território do conhecimento, recobrindo-o por meio de disciplinas, e articulá--las de tal modo que o mapa assim elaborado constitua um permanente convite a viagens, não representando apenas uma delimitação rígida de fronteiras entre os diversos territórios disciplinares. Em cada disciplina, os conteúdos devem ser organizados a fim de possibilitar o tratamento dos dados, para que possam se transformar em informações, e o tratamento das informações, para que sirvam de base para a construção do conhecimento. Por meio das diversas disciplinas, os alunos adentram de maneira ordenada – de modo disciplinado, portanto – o fecundo e complexo universo do conhecimento, em busca do desenvolvimento das competências básicas para sua formação pessoal.

A matemática e a língua materna – entendida aqui como a primeira língua que se aprende – têm sido as disciplinas básicas na constituição dos currículos escolares, em todas as épocas e culturas, havendo razoável consenso em relação ao fato de que, sem o desenvolvimento adequado de tal eixo linguístico/lógico-matemático, a formação pessoal não se completa. Desde as séries iniciais de escolarização, ao mesmo tempo que aprendem a se expressar e a se comunicar na língua materna, gostando ou não da matemática, as crianças estudam-na compulsoriamente. Existe um acordo tácito com relação ao fato de que os adultos necessitam dela em suas ações como consumidores, como cidadãos, como pessoas conscientes e autônomas.

Matemática e o desenvolvimento de competências

Nas últimas duas décadas, explicitou-se com mais nitidez o que já era apresentado em todas as propostas curriculares: por mais importantes que sejam, os conteúdos disciplinares, nas diversas áreas, são meios para a formação dos alunos como cidadãos e como pessoas. As disciplinas são imprescindíveis e fundamentais, mas o foco permanente da ação educacional deve situar-se no desenvolvimento das competências pessoais dos alunos. Ou seja, o fim último da educação é a formação pessoal. Mas quais seriam essas competências pessoais a ser desenvolvidas por meio das disciplinas?

Qualquer que seja a lista estabelecida, a matemática relaciona-se diretamente com todas competências relacionadas. Nenhuma disciplina constitui um fim em si mesmo, nem deve ser considerada um conteúdo destinado apenas a especialistas ou a pessoas com dons especiais. A matemática nos currículos deve constituir, em parceria com a língua materna, um recurso imprescindível para a expressão rica, a compreensão abrangente, a argumentação correta, o enfrentamento assertivo de situações-problema, a contextualização significativa dos temas estudados. Quando os contextos são deixados de lado, os conteúdos estudados deslocam-se da condição de meios para a de fins das ações docentes. E, sempre que aquilo que deveria ser apenas meio se transmuta em fim, ocorre o fenômeno da mediocrização.

Para exemplificar tal fato, mencionamos que todos vivemos em busca de um ideal, temos um projeto de vida e, para tanto, precisamos garantir nossa subsistência, dispondo de alimentação, moradia, entre outras condições básicas; se toda a nossa existência se resume à busca da garantia de tais condições mínimas de sobrevivência, não temos mais do que uma vida medíocre. Analogamente, trabalhamos para realizar nossos projetos, e a justa remuneração que devemos receber é um meio para isso; quando o dinheiro deixa de ser o meio e passa a ser o fim de nossa atividade, temos apenas uma vida profissional medíocre. No mesmo sentido, a transformação dos conteúdos das matérias escolares em fins da educação básica somente pode conduzir a um ensino medíocre.

A caracterização dos conteúdos disciplinares como meio para a formação pessoal coloca em cena a necessidade de contextualizá-los, uma vez que uma apresentação escolar sem referências ou com mínimos elementos de contato com a realidade concreta dificulta a compreensão dos fins a que se destinam. É fundamental, no entanto, que a valorização da contextuação seja equilibrada com o desenvolvimento de outra competência, igualmente valiosa: a capacidade de abstrair o contexto, de apreender relações que são válidas em múltiplos contextos, e, sobretudo, de imaginar situações fictícias, que não existem concretamente, ainda que possam vir a ser realizadas. Tão importante quanto referir o que se aprende a contextos práticos é ter capacidade de, com base na realidade factual, imaginar contextos ficcionais, situações inventadas que proponham soluções novas para problemas de fato existentes. Limitar-se aos fatos, ao que já está feito pode conduzir ao mero fatalismo. Sem tal abertura para o mundo da imaginação, do que ainda não existe como contexto, estaríamos condenados a apenas reproduzir o que já existe, consolidando um conservadorismo – no sentido mais pobre da expressão.

Ainda que o desenvolvimento de tal capacidade de abstração esteja presente nos conteúdos de todas as disciplinas, ela se encontra especialmente associada aos objetos e aos conteúdos de matemática. Na verdade, na construção do conhecimento, o ciclo não se completa senão quando se constitui o movimento contextuar/abstrair/contextuar/abstrair... Quando se critica a abstração de grande parte dos conteúdos escolares, reclama-se da falta de complementaridade da contextuação. Igualmente criticável pode ser uma fixação rígida de contextos na apresentação dos diversos temas. De modo geral, uma rígida associação entre conteúdos e contextos, que tolha a liberdade de imaginação de novas contextuações, pode ser tão inadequada quanto a ausência absoluta de interesse por contextos efetivos para os conteúdos estudados na escola.

Com base nas ideias gerais apresentadas na formulação do Exame Nacional do Ensino Médio (Enem), e ressaltando a valorização da capacidade de extrapolação de contextos antes referida, é possível vislumbrar um elenco de competências a ser desenvolvidas pelos alunos ao longo da escola básica. Tal elenco constitui três pares complementares de competências, que se situam em três eixos nos quais se equilibram as ações educacionais:

- O eixo expressão/compreensão: a capacidade de expressão do eu, por meio das diversas linguagens, e a capacidade de compreensão do outro, do não eu, do que me complementa – o que inclui a leitura de um texto, de uma tabela, de um gráfico, a compreensão de fenômenos históricos, sociais, econômicos, naturais etc.
- O eixo argumentação/decisão: a capacidade de argumentação, de análise e de articulação das informações e relações disponíveis, a fim de viabilizar a comunicação, a ação comum, a construção de consensos e a capacidade de elaborar sínteses de leituras e argumentações tendo em vista a tomada de decisões, a proposição e a realização de ações efetivas.
- O eixo contextuação/abstração: a capacidade de contextuação dos conteúdos estudados na escola, de enraizamento na realidade imediata, nos universos de significações – sobretudo no mundo do trabalho –, e de abstração, de imaginação, de consideração de novas perspectivas, de virtualidades, de potencialidades para se conceber o que ainda não existe.

Nos três eixos citados, o papel da matemática é facilmente reconhecido e, sem dúvida, fundamental. No primeiro eixo, ao lado da língua materna, a matemática compõe um par complementar como meio de expressão e de compreensão da realidade. Quando ainda muito pequenas, as crianças interessam-se por letras e números sem elaborar nenhuma distinção nítida entre as duas disciplinas. Se depois, no percurso escolar, passam a temer os números ou a desgostar-se com eles, isso decorre mais de práticas escolares inadequadas e circunstâncias diversas do que de características inerentes aos números. Os objetos matemáticos – números, formas, relações – constituem instrumentos básicos para a compreensão da realidade, da leitura de um texto ou interpretação de um gráfico à apreensão quantitativa das grandezas e relações presentes em fenômenos naturais ou econômicos, entre outros.

No eixo argumentação/decisão, o papel da matemática como instrumento para o desenvolvimento do raciocínio lógico, da análise racional – tendo em vista a obtenção de conclusões necessárias – é bastante evidente. Destaquemos apenas dois pontos cruciais. Primeiro, na construção do pensamento lógico, seja ele indutivo ou dedutivo, a matemática e a língua materna partilham fraternalmente a função de desenvolvimento do raciocínio. Na verdade, em tal terreno, a fonte primária é a língua, sendo a matemática uma fonte secundária – não em importância, mas porque surge em segundo lugar, depois da língua materna, na formação inicial das pessoas. O segundo ponto a ser considerado é que, no tocante à capacidade de sintetizar, de tomar decisões com base nos elementos disponíveis, a matemática assume papel preponderante. Suas situações-problema são mais nítidas do que as de outras matérias, favorecendo o exercício do movimento argumentar/decidir ou diagnosticar/propor. Em outras palavras, aprende-se a resolver problemas primariamente na matemática e secundariamente nas outras disciplinas.

No que se refere ao terceiro eixo de competências, a matemática é uma instância bastante adequada – e até privilegiada – para aprender a lidar com o par concreto/abstrato. Mesmo sendo considerados especialmente abstratos, os objetos matemáticos são os exemplos mais facilmente imagináveis para compreender a permanente articulação entre as abstrações e a realidade concreta. De fato, contar objetos parece uma ação simples que propicia uma natural relação entre tais instâncias: o abstrato número 5 não é nada mais do que o elemento comum a todas as coleções concretas que podem ser colocadas em correspondência um a um com os dedos de uma mão, sejam tais coleções formadas por bananas, abacaxis, pessoas, ideias, pedras, fantasmas, poliedros regulares, quadriláteros notáveis etc. Na verdade, em qualquer assunto, não é possível conhecer sem abstrair. A realidade costuma ser muito complexa para uma apreensão imediata; as abstrações são simplificações que representam um afastamento provisório da realidade, com a intenção explícita de mais bem compreendê-la. A própria representação escrita dos fonemas, no caso da língua materna, costuma ser menos "amigável", ou mais "abstrata" do que grande parte dos sistemas de numeração, na representação de quantidades. As abstrações não são um obstáculo para o conhecimento, mas constituem uma condição sem a qual não é possível conhecer. No que se refere às abstrações, a grande meta da escola não pode ser a de eliminá-las – o que seria um verdadeiro absurdo –, mas a de tratá-las como instrumentos, como meios para a construção do conhecimento em todas as áreas, e não como um fim em si mesmo.

Matemática e realidade: as tecnologias

Por certo, o ponto de partida para a exploração dos temas matemáticos sempre será a realidade imediata em que nos inserimos. Porém, isso não significa a necessidade de uma relação direta entre todos os temas abordados em sala de aula e os contextos de significação já vivenciados pelos alunos. Em nome de um utilitarismo imediatista, o ensino de matemática não pode privar os alunos do contato com temas epistemológica e culturalmente relevantes. Tais temas podem abrir horizontes e perspectivas de transformação da realidade, contribuindo para a imaginação de relações e situações que transcendem os contextos já existentes. Cada assunto pode ser explorado numa perspectiva histórica, embebido de uma cultura matemática que é fundamental para um bom desempenho do professor, mas deve trazer elementos que possibilitem uma abertura para o novo, que viabilizem ultrapassar situações já existentes quando isso se tornar necessário.

No que tange às tecnologias e à inserção no mundo do trabalho, a matemática encontra-se numa situação de ambivalência que, longe de ser indesejável, desempenha um papel extremamente fecundo. De um lado, os numerosos recursos tecnológicos disponíveis para a utilização em atividades de ensino encontram um ambiente propício no terreno da matemática: máquinas de calcular, computadores, *softwares* para a construção de gráficos, para as construções em geometria, para a realização de cálculos estatísticos são muito bem-vindos, e o recurso a eles será crescente, inevitável e desejável – salvo em condições extraordinárias, em razão de um extremo mau uso. De outro lado, se no âmbito da tecnologia o novo sempre fascina, insinuando-se como um valor apenas pelo fato de ser novo, na matemática existe certa vacinação natural contra o fascínio ingênuo pelo novo. Afinal, a efemeridade dos recursos tecnológicos e a rapidez com que entram e saem de cena são um sintoma claro de sua condição de meio. Os meios são importantes quando sabemos para onde queremos ir, mas o caminho a seguir não pode ser ditado pelos equipamentos, pelos instrumentos, por mais sofisticados que sejam ou pareçam. A matemática, sua história e sua cultura são um exemplo candente de equilíbrio entre a conservação e a transformação, no que tange aos objetos do conhecimento. Uma máquina a vapor ou um computador IBM 360 certamente têm, hoje, interesse apenas histórico, podendo ser associados a peças de museus; o Teorema de Pitágoras, o Binômio de Newton e a relação de Euler, no entanto, assim como os valores humanos presentes em uma peça de Shakespeare, permanecem absolutamente atuais.

Matemática nos currículos

Como já vimos, a matemática desempenha nos currículos o papel de um sistema primário de expressão, assim como a língua materna, com a qual interage de modo contínuo. Ela se articula permanentemente com todas as formas de expressão, em especial com aquelas associadas às tecnologias informáticas, colaborando para uma tomada de consciência da ampliação de horizontes que essas novas ferramentas propiciam. Não se deve perder de vista, no entanto, que a matemática tem um conteúdo próprio, como todas as outras disciplinas, o que a faz transcender os limites de uma linguagem formal. E as linguagens são muito importantes para quem tem conteúdo, ou seja, para quem tem algo a expressar. Os conteúdos a ser expressos devem ser relevantes, e aí é que explode o caráter subsidiário das linguagens em geral. Instrumentos como as calculadoras ou os computadores podem e devem ser utilizados cada vez mais, de modo crítico, aumentando a capacidade de cálculo e de expressão, contribuindo para que deleguemos às máquinas tudo que diz respeito aos meios criticamente apreendidos e possibilitando ao estudante uma dedicação àquilo que não pode ser delegado a máquinas – por mais sofisticadas que pareçam –, como é o caso dos projetos, dos valores, dos fins da educação.

Reiteremos que os conteúdos da disciplina Matemática são um meio para o desenvolvimento de competências como as que foram antes relacionadas: capacidade de expressão pessoal, de compreensão de fenômenos, de argumentação consistente, de tomada de decisões conscientes e refletidas, de problematização e enraizamento dos conteúdos estudados em diferentes contextos e de imaginação de situações novas. Como será explicitado mais adiante, a estratégia básica para mobilizar os conteúdos, tendo em vista o desenvolvimento das competências, será a identificação e a exploração das ideias fundamentais de cada tema. É possível abordar muitos assuntos sem a devida atenção às ideias fundamentais, assim como o é escolher alguns assuntos como pretexto para apresentar a riqueza e a fecundidade de tais ideias.

Em todas as disciplinas curriculares, o foco principal das ações educacionais deve ser a transformação de informação em conhecimento. Facilmente disponíveis, as informações circulam de forma ampla, podendo ser obtidas em bancos de dados cada vez maiores. Elas se apresentam, no entanto, de modo desordenado e fragmentado, o que as torna efêmeras. Apesar de serem matéria-prima fundamental para a construção do conhecimento, não basta reuni-las para que tal construção ocorra: é necessário tratá-las de modo adequado. Nesse sentido, tem sido frequente, na apresentação dos conteúdos que devem ser estudados, sobretudo na área de matemática, o destaque a temas rotulados como "tratamento da informação": porcentagens, médias, tabelas, gráficos de diferentes tipos etc. Apesar de reconhecer a importância de tal destaque, consideramos importante ressaltar que todos os conteúdos estudados na escola básica, em todas as disciplinas, podem ser classificados como "tratamento da informação". Procedimentos extremamente importantes em todas elas são a seleção e o mapeamento das informações relevantes, tendo em vista articulá-las convenientemente, interconectando-as a fim de produzir visões organizadas da realidade. Construir mapas de relevância tem-se tornado um recurso cada vez mais geral, em todas as áreas, para propiciar uma perspectiva ponderada das relações constitutivas dos diversos contextos que possa conduzir ao nível da teoria, ou seja, da visão que leva à compreensão dos significados dos temas estudados. Consideramos, portanto, que o tratamento da informação, tendo em vista a transformação da informação em conhecimento, é a meta comum de todas as disciplinas escolares, e, em cada disciplina, de todos os conteúdos a ser ensinados.

O que ensinar: conteúdos, ideias fundamentais, competências

Como já vimos, um currículo tem a função de mapear os temas/conteúdos considerados relevantes, tendo em vista o tratamento da informação e a construção do conhecimento. As disciplinas têm um programa, que estabelece os temas a ser estudados, os quais constituirão os meios para o desenvolvimento das competências pessoais. Em cada conteúdo, devem ser identificadas as ideias fundamentais a ser exploradas. Tais ideias constituem a razão do estudo das diversas disciplinas: é possível estudar muitos conteúdos sem dar atenção adequada às ideias fundamentais envolvidas, como também o é amplificar tais ideias tendo por base a exploração de alguns poucos conteúdos. A lista do que deve ser estudado costuma ser extensa, sendo às vezes artificialmente ampliada por meio de uma fragmentação minuciosa em tópicos nem sempre significativos; a lista de ideias fundamentais a ser exploradas, no entanto, não é tão extensa, uma vez que justamente o fato de serem fundamentais conduz a uma reiteração delas no estudo de uma grande diversidade de assuntos.

Consideremos, por exemplo, a ideia de proporcionalidade. Ela se encontra presente tanto no raciocínio analógico, em comparações tais como "O Sol está para o dia assim como a Lua está para a noite", quanto no estudo das frações, nas razões e proporções, no estudo da semelhança de figuras, nas grandezas diretamente proporcionais, no estudo das funções do primeiro grau e assim por diante. Da mesma forma, a ideia de equivalência, ou de igualdade naquilo que vale, aparece nas classificações, nas sistematizações, na elaboração de sínteses, mas também quando se estudam as frações, as equações, as áreas ou os volumes de figuras planas ou espaciais, entre muitos outros temas. A ideia de ordem, de organização sequencial tem nos números naturais sua referência básica, mas pode ser generalizada quando pensamos em hierarquias segundo outros critérios, como a ordem alfabética. Também está associada, de maneira geral, a priorizações de diferentes tipos e à construção de algoritmos.

Outra ideia a ser valorizada ao longo de todo o currículo é a de aproximação, a de realização de cálculos aproximados. Longe de ser o lugar por excelência da exatidão, da precisão absoluta, a matemática não sobrevive nos contextos práticos, nos cálculos do dia a dia sem uma compreensão mais nítida da importância das aproximações. Os números irracionais, por exemplo, só existem na realidade concreta, sobretudo nos computadores, por meio de suas aproximações racionais. Algo semelhante ocorre na relação entre os aspectos lineares (que envolvem a ideia de proporcionalidade direta entre duas grandezas) e os aspectos não lineares da realidade: os fenômenos não lineares costumam ser estudados de modo proveitoso por meio de suas aproximações lineares.

É importante destacar, no entanto, que, ao realizar aproximações, não estamos nos resignando a resultados inexatos, por limitações em nossos conhecimentos: um cálculo aproximado pode ser – e em geral o é – tão bom, tão digno de crédito quanto um cálculo exato, desde que satisfaça a certas condições muito bem explicitadas nos procedimentos matemáticos. O critério decisivo é o seguinte: uma aproximação é ótima se e somente se temos permanentemente condições de melhorá-la, caso desejemos.

Proporcionalidade, equivalência, ordem, aproximação: eis aí alguns exemplos de ideias fundamentais a ser exploradas nos diversos conteúdos apresentados, tendo em vista o desenvolvimento de competências como a capacidade de expressão, de compreensão, de argumentação etc.

Por certo, o reconhecimento e a caracterização das ideias fundamentais em cada disciplina são tarefas urgentes e ingentes, constituindo o verdadeiro antídoto para o excesso de fragmentação na apresentação dos conteúdos disciplinares. De fato, as ideias realmente fundamentais em cada tema apresentam duas características notáveis, que funcionam como critério para distingui-las de outras, menos relevantes. Em primeiro lugar, elas se fazem notar diretamente nos mais diversos assuntos de uma disciplina, possibilitando, em decorrência de tal fato, uma articulação natural entre eles, numa espécie de "interdisciplinaridade interna". A ideia de proporcionalidade, por exemplo, transita com desenvoltura entre a aritmética, a álgebra, a geometria, a trigonometria, as funções etc. Em segundo lugar, uma ideia realmente fundamental sempre transborda os limites da disciplina em que se origina ou em relação à qual é referida. A ideia de energia, por exemplo, mesmo desempenhando papel fundamental na física, transita com total pertinência pelos terrenos da química, da biologia, da geografia etc. Em razão disso, favorece naturalmente uma aproximação no tratamento dos temas das diversas disciplinas.

Ensino com significado: centros de interesse

Naturalmente, não se pode pretender que exista apenas uma forma adequada de tratamento dos diversos conteúdos disciplinares, o que constituiria uma mistura de ingenuidade e arrogância. Consideramos, no entanto, que algumas ideias gerais sobre o tema merecem ser destacadas no que se refere à forma de apresentação dos conteúdos selecionados.

Em primeiro lugar, em qualquer disciplina, conhecer é sempre conhecer o significado, ou seja, o grande valor a ser cultivado é a apresentação de conteúdos significativos para os alunos. O significado é mais importante do que a utilidade prática, que nem sempre pode ser associada ao que se ensina – afinal, para que serve um poema? Um poema não se usa, ele significa algo... Sempre que os alunos nos arguem sobre a utilidade prática, o que eles de fato desejam é que apresentemos um significado para aquilo que pretendemos que aprendam. E, na construção dos significados, uma ideia norteadora é a de que as narrativas são muito importantes, são verdadeiramente decisivas na arquitetura de cada aula. É contando histórias que os significados são construídos. E, ainda que tais narrativas sejam, muitas vezes, construções fictícias ou fantasiosas – como ocorre, por exemplo, no caso do recurso a jogos –, uma fonte primária para alimentar as histórias a ser contadas é a história em sentido estrito: história da matemática, história da ciência, história das ideias, história... Na verdade, não parece concebível ensinar nenhuma disciplina sem despertar o interesse em sua história – e na História em sentido pleno. Ainda que se possa tentar ensinar os conceitos que nos interessam tais como eles se nos apresentam hoje, os significados são vivos, transformam-se, têm uma história. E é na história que se busca não apenas uma compreensão mais nítida dos significados dos conceitos fundamentais, mas principalmente o significado das mudanças conceituais, ou seja, o significado das mudanças de significado. Em todos os assuntos, o professor precisa ser um bom contador de histórias. Preparar uma aula será sempre arquitetar uma narrativa, tendo em vista a construção do significado das noções apresentadas.

Para contar uma boa história, é necessário, no entanto, ganhar a atenção dos alunos, criar centros de interesse. De fato, diante de um aluno que desconhece conteúdos específicos, por mais simples que sejam, o professor não enfrenta problemas sérios: quanto mais simples for o tema desconhecido, mais improdutivo será reclamar da sua ausência e mais eficaz será ensinar imediatamente tal tema, desde, claro, que o aluno em questão queira sabê-lo. Estamos diante de um problema sério, não diante de um aluno que não sabe algo, mas de um aluno que não quer sabê-lo, não tem interesse por tal conteúdo. É fácil constatar, por exemplo, que os alunos se interessam – ou não – por uma foto que lhes apresentamos: os elementos visuais principais, as relações entre eles, o enraizamento da imagem na experiência pessoal de cada um são fatores que contribuem para despertar a atenção. Uma foto, no entanto, é constituída por milhares e milhares de pontos, convenientemente agrupados para compô-la. A maior parte dos alunos não se interessa, de início, por pormenores pontuais ou referentes a alguma característica técnica especial utilizada na composição da foto. Tal fato sugere que é mais eficaz para o professor, na busca de despertar o interesse dos alunos, partir de imagens "fotográficas", representadas e imediatamente percebidas pelos estudantes, mesmo sem prestar muita atenção aos pormenores, e seguir daí para os pontos específicos que precisem ser destacados, em vez de partir dos pontos específicos para com eles, paulatinamente, construir uma imagem, que só então seria percebida e explicada. A inversão do caminho natural que vai da foto para os pontos, configurada pela expectativa de um percurso que começa nos pontos e vai até a imagem fotográfica, é, em geral, pouco interessante, salvo quando lidamos com especialistas ou alunos previamente interessados no tema, o que não constitui a regra geral.

Na exploração de cada centro de interesse, uma estratégia muito fecunda é a via da problematização, da formulação e do equacionamento de problemas, da tradução de perguntas formuladas em diferentes contextos em equações a ser resolvidas. Muito além dos problemas estereotipados em que a solução consiste em construir procedimentos para usar os dados e com eles chegar aos pedidos, os problemas constituem, em cada situação concreta, um poderoso exercício da capacidade de inquirir, de perguntar. Problematizar é explicitar perguntas bem formuladas a respeito de determinado tema. E, uma vez formuladas as perguntas, para respondê-las é necessário distinguir o que é relevante do que não é no caminho para a resposta. A competência na distinção entre a informação essencial e a supérflua para a obtenção da resposta é decisiva e deve ser permanentemente desenvolvida. Convém registrar que, na escola, os alunos costumam ser mais induzidos a dar respostas do que a formular perguntas. Todas as caricaturas da escola – algumas bem grotescas – resumem a atividade do professor à mera formulação de questões a ser respondidas pelos alunos. O desenvolvimento da inteligência, no entanto, tem muito mais relação com a capacidade de fazer as perguntas pertinentes relativas ao tema, as perguntas que de fato nos interessam do que com fornecer as respostas certas a perguntas oriundas de interesses que não são nossos – ou que não fomos levados a tornar nossos.

Um caso especialmente importante para a criação e a exploração de centros de interesse é o dos problemas que envolvem situações de otimização de recursos em diferentes contextos, ou seja, problemas de máximos ou de mínimos. Procurar, em cada problema, não apenas uma solução, mas a melhor solução – no sentido de minimizar os custos ou maximizar os retornos, por exemplo –, pode constituir um atrativo a mais na busca de contextuação dos conteúdos estudados.

Outro aspecto a ser considerado na busca da criação de centros de interesse é o fato de que suas fontes principais não costumam ser os próprios conteúdos disciplinares, mas se encontram, primordialmente, nas relações interdisciplinares ou nas temáticas transdisciplinares. Por exemplo, a água é fundamental para todos os seres vivos, sendo estudada em diferentes disciplinas, mas constitui um tema que ultrapassa os limites disciplinares. Um aluno que assiste a uma palestra sobre a importância da água na natureza, na manutenção da vida, pode sentir-se motivado para estudar a água disciplinarmente, disciplinadamente, na perspectiva da química (H_2O, pH...), da física (densidade, calor específico...), da geografia (bacias hidrográficas, usinas hidrelétricas...), da literatura (a presença e o papel dos rios nas obras literárias...) etc. Analogamente, um livro que se lê, um filme ou uma peça de teatro a que se assiste costumam deflagrar a busca de mais informações sobre alguns aspectos da temática apresentada, seja no âmbito da economia, da preservação ambiental ou até mesmo de natureza ética, entre outros. As matérias anunciadas por um jornal ou por uma revista podem despertar mais facilmente o interesse dos alunos do que os conteúdos estritamente disciplinares. Assim, uma boa estratégia para a condução dos trabalhos em sala de aula parece ser partir dos centros de interesse interdisciplinares, ou transdisciplinares, e examiná-los na perspectiva das diversas disciplinas.

Cada disciplina ajuda-nos a ver e a ler o mundo de determinado modo. Como os diversos instrumentos em uma orquestra, cada uma delas oferece-nos um som especial na composição da melodia do conhecimento. E em cada uma delas, como em cada um dos instrumentos, as diversas partes são arquitetadas tendo em vista a produção do som mais característico, pronto a integrar com os outros sons, com muita harmonia.

Uma questão muito comum, no entanto, é a do tempo disponível: a valorização da interdisciplinaridade, tanto a "externa" – ou seja, o enriquecimento das relações entre as diversas disciplinas – quanto a "interna" – ou seja, o tratamento articulado dos diversos temas no interior de cada disciplina –, não exigiria do professor um tempo muito maior do que o usual na preparação e realização de suas aulas? Seria possível, com os alunos e as circunstâncias reais de cada escola, encontrar tempo e espaço no currículo para enfrentar tais preocupações? Alguns elementos para uma resposta a tais questões serão alinhavados a seguir.

Ensinar é fazer escolhas: mapas e escalas

Como se registrou de início, um currículo é como um mapa que representa o inesgotável território do conhecimento, recobrindo-o por meio de disciplinas. Cada disciplina, por sua vez, é como um mapa de uma região, sendo elaborado a partir de determinada perspectiva, em decorrência do projeto educacional que se busca realizar. Um mapa não pode ter tudo que existe no território mapeado: para construí-lo, é fundamental tomar decisões, estabelecendo o que é e o que não é relevante tendo em vista os objetivos perseguidos, mas, acima de tudo, priorizando o que se julga mais valioso, o que é mais relevante. Em outras palavras: todo mapa é um mapa de relevâncias. Convém insistir no fato de que nada pode ser classificado como relevante ou irrelevante se não em função do projeto que se persegue, que deve ser assumido explicitamente, sem tergiversações.

O tempo dedicado a cada tema a ser ensinado é uma variável a ser continuamente administrada pelo professor. Ele nunca é demais, ou de menos, em termos absolutos: tudo depende das circunstâncias dos alunos, da escola, do professor. É sempre possível ensinar com seriedade e de modo significativo determinado assunto, quer se disponha de uma aula, de cinco aulas, de 20, de 40 etc. As razões para ensinar um assunto vêm antes, estando associadas ao projeto educacional a que servem. Se existe uma boa razão para fazer algo, sempre é possível arquitetar uma maneira de fazê-

-lo: quem tem um "porquê" arruma um "como". O significado de um tema é como uma paisagem a ser apresentada aos alunos; e, para cada paisagem, é possível escolher uma escala adequada para visualizá-la. Ilustremos tal fato com um exemplo concreto.

Se um aluno do ensino médio pergunta ao professor: "O que é cálculo diferencial e integral?", motivado pela notícia de maus resultados nessa disciplina obtidos por colegas que entraram na universidade, é fundamental que o professor vislumbre a possibilidade de exploração de tal interesse em benefício do crescimento intelectual do aluno. Não parecem satisfatórias respostas do tipo "Trata-se de um tema complexo, seria necessário muitas aulas para explicar"; é possível escolher uma escala adequada para falar sobre o assunto, mesmo que se disponha de apenas alguns minutos. Pode-se explicar ao aluno sobre crescimento e decrescimento de funções, representadas por gráficos extraídos de revistas ou jornais. E pode-se anunciar que a porta de entrada no terreno do cálculo diferencial é o interesse de analisar não apenas o crescimento ou decrescimento, mas a rapidez com que uma grandeza cresce ou decresce em relação a outra: tal rapidez é a taxa de variação da grandeza, que mais tarde será chamada de derivada. No caso do cálculo integral, pode-se dizer que ele nasce da intenção de aproximar uma grandeza variável por uma série de valores constantes, ou de tratar uma variável como se fosse uma constante em pequenos intervalos. Por exemplo, para calcular a temperatura média de uma sala entre 10h e 12h, pode-se dividir o período de 2h em 12 intervalos de dez minutos, medir um valor para a temperatura em cada um dos intervalos, supor que tais valores permaneçam constantes e calcular a média dos 12 valores obtidos; um resultado mais preciso pode ser calculado se, em vez de 12 intervalos de dez minutos, considerarmos 120 intervalos de 1 minuto e procedermos da mesma forma. Por certo, algumas das ideias mais fundamentais do cálculo encontram-se presentes em tais explicações e poderão despertar ainda mais interesse do aluno. Naturalmente, se ele se dispuser a comparecer semanalmente para uma conversa regular de uma hora, a escala a ser escolhida para tratamento do tema deverá ser outra.

A escolha de diferentes escalas de aprofundamento para assuntos diversos é natural e esperada, constituindo a competência máxima do professor, do ponto de vista da didática. Um bom professor não se excede em pormenores que não podem ser compreendidos pelos alunos, nem subestima a capacidade de compreensão destes.

A fecundidade no tratamento de cada tema é, assim, determinada pela escolha da escala adequada para abordá-lo. Tal escolha está relacionada à maturidade e à competência didática do professor em identificar as possibilidades cognitivas do grupo, bem como ao grau de interesse que o tema desperta nos alunos. Somente o professor, em sua escola, respeitando suas circunstâncias e seus projetos, pode ter o discernimento para privilegiar mais um tema do que outro, determinando seus centros de interesse e detendo-se em alguns deles sem eliminar os demais. Tal opção sempre esteve presente como possibilidade na ação do professor; os currículos nunca poderão ir além de uma orientação geral, fundamental no que se refere aos princípios e aos valores envolvidos, mas sempre dependentes da mediação do professor, em suas circunstâncias específicas. Contudo, é importante observar que até mesmo alguns temas que, à primeira vista, julgamos desprovidos de interesse maior podem constituir importante pretexto para articular uma fecunda discussão, desde que haja um projeto que mobilize os interesses do grupo. A ideia geral norteadora é a de que os conteúdos são meios para a criação e a exploração de centros de interesse: são como faíscas lançadas em busca de material inflamável e não caixas de matérias a ser colocadas nos ombros dos alunos.

Considerações finais: matemática e contos de fadas

Matemática: contar e contar histórias

É fato conhecido que, em quase todas as línguas, o verbo "contar" tem duas acepções convergentes: enumerar e narrar. Em português, "contar uma história" ou "fazer de conta" revela indícios de tal proximidade. A linguagem matemática é plena de suposições. Uma sentença matemática típica é do tipo "se A, então B", ou seja, supondo que A seja verdade, então B também o será. Em alemão, *zahl*, *zahlen* e *erzahlen* significam, respectivamente, "número" (na contagem), "enumerar" e "narrar". Em inglês, *tale*, *tell* e *talk* também decorrem do alemão arcaico que deu origem a *zahl*. A expressão "contos de fadas" ou "fairy tales" ajuda-nos, pois, a lembrar de uma importante acepção do verbo "contar".

Contar uma história é construir uma narrativa, uma temporalidade que mimetiza de modo fantástico a sucessão dos números naturais. Os alunos adoram uma história bem contada, uma narrativa fabulosa, um enredo sedutor. Porém, em todas as faixas etárias gostamos de nos encantar, de soltar a imaginação, de nos maravilhar. Histórias como as de Harry Potter e da trilogia *O senhor dos anéis*, entre tantas outras, seduzem os leitores e atraem a atenção.

A construção do conhecimento em todas as áreas também apresenta aspectos sedutores, dimensões maravilhosas, que exigem narrativas bem arquitetadas. Entretanto, as histórias que nos contam na escola, especialmente nas aulas de matemática, são desprovidas de encantamento. Mesmo quando os conteúdos servem de suporte para uma apresentação de natureza fabulosa, os professores costumam subestimar a força inspiradora do roteiro, da narrativa e logo querem nos ensinar a moral da história. As explicações, muitas vezes, antecedem as perguntas: quebram o encantamento, não favorecendo a fruição tácita das relações, o diálogo entre contextos, a transferência de estruturas, a extrapolação das percepções.

Para ilustrar o fato de que as dificuldades com a matemática na escola básica decorrem sobretudo da falta de encantamento com seus objetos, vamos considerar dois temas comumente apresentados aos alunos desde a educação infantil: os contos de fadas e a matemática. Enquanto o primeiro deles é pleno de fantasia, de maravilhamento, e quase sempre muito apreciado pelos alunos, o outro é em geral apresentado de modo direto, desprovido de encantamento, sendo tratado de modo técnico, quase sempre carente do interesse dos alunos.

A matemática e os contos de fadas

É interessante comparar os papéis que a matemática e os contos de fada desempenham na formação das crianças. De fato, é fácil reconhecer que as situações que a realidade concreta nos apresenta são muito mais difíceis de ser apreendidas do que as que surgem na nitidez simplificadora dos contos de fadas. Nos contextos da realidade, o certo ou o errado, o verdadeiro ou o falso não são tão facilmente identificáveis quanto o são o bem e o mal, o herói e o vilão, a bruxa malvada e a fada madrinha nas histórias infantis. Tal nitidez, porém, é necessária em tais histórias. Na formação inicial das crianças, a assertividade no que se refere ao certo e ao errado é fundamental para a construção e fixação de um repertório de papéis e situações que orientarão suas ações no futuro.

Na matemática ocorre algo análogo à apresentação do bem e do mal nas histórias infantis: a nitidez das distinções entre o verdadeiro e o falso, ou o certo e o errado, tem função formativa semelhante. Tal como precisamos de contos de fadas em que o bem e o mal sejam facilmente discerníveis, também necessitamos das simplificações que as abstrações matemáticas representam, com suas distinções nítidas entre o verdadeiro e o falso, que funcionam como referências e elementos norteadores para enfrentar as situações mais complexas que a realidade nos apresenta.

Como se pode depreender, o aspecto que mais aproxima os dois temas é o caráter binário de ambos: a nitidez na distinção entre o certo e o errado, o verdadeiro e o falso. Na vida, as coisas não são tão simples: em que momento tem início a vida humana? O que caracteriza seu final? Aborto, eutanásia, clonagem – qual é a linha divisória entre o bem e o mal em tais questões? No entanto, não podemos lançar a criança em um mundo de tal complexidade sem antes ter construído um repertório de referências, em que tomar decisões seja mais simples. É fácil ficar do lado do mocinho e ser contra o bandido; gostar da fada e odiar a bruxa. As histórias fabulosas divertem e emocionam, mas, sobretudo, fornecem balizas relativas a valores. A integridade pessoal é forjada com base em tais referenciais éticos primários.

Da mesma forma, nos problemas que a realidade nos propõe, também não é tão nítida a distinção entre o certo e o errado, o verdadeiro e o falso quanto o é na matemática. Ao expressar matematicamente um problema, as respostas são assertivas, não existe muito espaço para tergiversar. É da própria natureza da matemática a exigência de tal nitidez: por definição, uma proposição é uma sentença que pode ser associada a um e somente um dentre dois valores possíveis: V ou F. A verdade em história não tem a nitidez da binariedade matemática. Uma proposição sobre a Revolução Francesa pode resultar em uma grande diversidade de interpretações e valorações. Mas para enfrentar a amplitude de percepções e julgamentos, a simplicidade das verdades matemáticas são as referências que aprendemos na escola.

A vida não é um conto de fadas, as pessoas não podem ser divididas em dois grupos – os heróis e os bandidos –, as questões vitais não podem ser respondidas com um simples V ou F. A grande importância da matemática e dos contos de fadas não repousa na aplicabilidade prática direta de seus conteúdos e relações. Tais temas, no entanto, constituem uma importante "preparação espiritual" para o enfrentamento da complexidade da vida.

Contos de fadas e matemática: similaridade estrutural

A aproximação entre a matemática e os contos de fadas é de natureza estrutural. Além do caráter binário, ou seja, da nitidez das contraposições entre o bem e o mal em um dos temas e entre o verdadeiro e o falso no outro, existem outros macroaspectos que serão examinados a seguir.

"Era uma vez..." é uma expressão típica na abertura de um conto de fadas: como em um passe de mágica, o contexto ficcional se instaura e a história se desenrola. Na matemática, a linguagem costuma ser mais direta, menos sedutora, mas igualmente instaladora de um contexto a ser desenvolvido: "Seja A um conjunto..." Nos dois casos, a expressão inicial representa um convite ao ingresso em um jogo com regras bem definidas e bem similares. As narrativas têm uma unidade lógica com a estrutura de um argumento. Não cabe discutir a verdade das premissas, assumidas com as regras do jogo; a tarefa é extrair delas todas as consequências lógicas plausíveis. Alguém que diz "Bicho não fala..." está se negando a jogar o jogo; o mesmo ocorre com quem afirma que "A" é uma letra e não um conjunto.

Um importante aspecto de natureza estrutural a aproximar os dois temas é, assim, o convite ao jogo e a aceitação de suas regras, tendo como contrapartida o incremento da capacidade de compreensão do que se estuda. Nos dois casos, os contextos são fictícios, mas nem por isso menos efetivos. Quando se elogia, pois, a busca de contextos, ou a contextuação, como recurso para a eficácia do ensino, não se pode deixar de levar em consideração os contextos ficcionais.

Outro aspecto importante na comparação estrutural entre os dois temas é o fato de que, admitidos os contextos ficcionais, em ambos os casos a história contada apresenta uma coerência interna, da qual resultam as consequências lógicas inevitáveis – ou, em sentido ampliado em relação às fábulas tradicionais, uma "moral da história". Para sermos mais precisos, não se trata de uma moral única para todos, mas de "morais" diferenciadas, em função do repertório e das circunstâncias dos ouvintes. Por certo, a transferência de significações nunca é direta, como nas aplicações práticas; é sempre analógica, estabelecendo-se pontes às vezes insólitas entre contextos diversos.

Um ponto decisivo é o fato de que, para lograr de fato o encantamento, as "morais" que se esperam das histórias não podem ser explicitadas *a priori*, sob pena de o professor se tornar um chato. Nada é mais ineficaz do que um professor impaciente, que se concentra apenas na moral da história.

Conclusão: cuidado com as caricaturas!

A possivelmente insólita — e por certo sedutora — relação entre dois temas aparentemente tão díspares como a matemática e os contos de fadas pode conduzir a um entusiasmo ingênuo, do qual decorrem inúmeras caricaturas.

A construção do significado, em qualquer assunto, sempre se dá por meio de uma narrativa bem arquitetada: um bom professor, em especial um bom professor de matemática, é sempre um bom contador de histórias. Os contos de fadas constituem uma importante fonte de inspiração para a organização das aulas de matemática, sobretudo pelo modo como os contextos ficcionais são explorados.

Não se trata, portanto, de recorrer a histórias como a dos três porquinhos para ensinar a contar até três, nem a da Branca de Neve para contar até sete, o que seria tão pertinente quanto apresentar sonetos aos alunos tendo em vista fazê-los contar as linhas dos quartetos ou tercetos ou, ainda, contar sílabas e conferir a métrica. Também não é o caso mais caricato ainda de simplificar demais o conteúdo ficcional, quebrando seu encantamento. A interpretação literal de histórias fantásticas torna-se risível. Buscar em livros como *A revolução dos bichos*, de George Orwell, um manual de zoologia ou de veterinária seria, sem dúvida, sinal de insanidade.

A matemática e os contos de fadas são terrenos especialmente propícios para a exploração da dinâmica das transações entre a realidade e a ficção. Em ambos os temas, os contextos ficcionais ganham vida própria e podem inspirar uma ultrapassagem das limitações que a realidade cotidiana nos impõe. Se os fictos não são valorizados tanto quanto os fatos, a vida torna-se desinteressante e a ciência conduz ao fatalismo.

Os contos de fadas são naturalmente encantados. A matemática também já foi um dia, como nos lembram os textos de Malba Tahan e de Monteiro Lobato. Hoje, a concentração das atenções apenas em seus aspectos prático-utilitários contaminou nossa visão e quebrou o seu encanto. É preciso, pois, reencantar a matemática, e para tanto reiteramos o que propusemos de início: a exploração de sua aproximação visceral com a língua materna é absolutamente fundamental.

Referências bibliográficas

BELL, E. T. *Men of mathematics*. Nova York: Simon&Schuster, 1937.

BORGES, J. L. *Obras completas*. Buenos Aires: Emecé, 1974.

BRUNER, J. *Atos de significação*. Porto Alegre: Artes Médicas, 1997.

BOISOT, M. H. *Knowledge assets – Securing competitive advantage in the information economy*. Nova York: Oxford University Press, 1998.

BOULDING, K. E. *La economía del amor y del temor. Una introducción a la economía de las donaciones*. Madri: Alianza, 1976.

CONNOR, S. *Teoria e valor cultural*. Trad. Adail U. Sobral e Maria Stela Gonçalves. São Paulo: Loyola, 1994.

DESCARTES, R. *Discurso sobre o método*. São Paulo: Hemus, 1978.

Frow, J. *Cultural studies & cultural value*. Nova York: Clarendon Press/Oxford University Press, 1995.

Machado, N. J. *Educação: projetos e valores*. São Paulo: Escrituras, 2000.

_____. *Conhecimento e valor*. São Paulo: Moderna, 2004.

_____. *Educação: competência e qualidade*. 2. ed. São Paulo: Escrituras, 2008.

_____. *Epistemologia e didática*. 7. ed. São Paulo: Cortez, 2011a.

_____. *Matemática e língua materna*. 6. ed. São Paulo: Cortez, 2011b.

_____. *Ética e educação*. São Paulo: Ateliê, 2012a.

_____. *Matemática e educação*. 6. ed. São Paulo: Cortez, 2012b.

_____. *Matemática e realidade*. 8. ed. São Paulo: Cortez, 2013.

Matuck, A. "Semion: um símbolo para a informação liberada". In: *Arte e ciência/qualidade de vida*. São Paulo: Ecaus, 1997.

Monmonier, M. *How to lie with maps*. Chicago: University Press, 1991.

Morgan, G. *Imagens da organização*. São Paulo: Atlas, 2009.

Polanyi, M. *Personal knowledge – Towards a post-critical philosophy*. Londres: Routledge/Kegan Paul, 1969.

_____. *The tacit dimension*. Gloucester: Peter Smith, 1983.

Popper, K. R. *Conhecimento objetivo*. Trad. Milton Amado. São Paulo: Edusp/Itatiaia, 1975.

Reich, R. *O trabalho das nações*. Trad. José Maria Castro Caldas. Lisboa: Quetzal, 1996.

Santos, B. de S. *Crítica da razão indolente*. São Paulo: Cortez, 2000.

Seligman, M. E. P. *Desamparo*. São Paulo: Hucitec/Edusp, 1977.

Sen, A. *Sobre ética y economía*. Madri: Alianza, 1991.

Svelby, K. E. *A nova riqueza das organizações – Gerenciando e avaliando patrimônios de conhecimento*. Trad. Luiz Euclydes T. Frazão Filho. Rio de Janeiro: Campus, 1998.

Tocqueville, A. de. *A democracia na América*. Trad. Neil Ribeiro da Silva. São Paulo: Edusp/Itatiaia, 1977.

Reflexões sobre conhecimento, currículo e ética

Ubiratan D'Ambrosio

Considerações introdutórias

Neste capítulo procuro sintetizar, sem me perder em discursos redundantes, ideias fundamentais para uma nova educação, visando ao convívio respeitoso e harmonioso entre pessoas e grupos diferentes. Torna-se prioritária e urgente a busca dessa nova educação, baseada em uma ética de respeito, solidariedade e cooperação para o convívio harmonioso e produtivo de várias culturas. Esse é o caminho para a paz nas suas quatro dimensões: interior, social, ambiental e militar. Sem atingir a paz nas suas múltiplas dimensões, dificilmente a civilização moderna sobreviverá.

Examino, muito brevemente, as bases teóricas de apoio ao ensino da matemática. Não é fácil fazer isso em poucas páginas, o que muitas vezes exige não entrar em detalhes. A bibliografia ajuda no aprofundamento nas ideias somente esboçadas. Faço uma reflexão multifacetada sobre muitos aspectos de educação e escolas, em particular do ensino da matemática, mas evito discussões sobre os currículos escolares, que critico pela priorização de técnicas frias e desumanizadoras. Abordo tanto questões históricas quanto fundamentação teórica de suporte às diferentes práticas. Naturalmente, uma reflexão multifacetada inclui estudos comparativos de cognição, aspectos filosóficos, epistemológicos, históricos, sociológicos, políticos e religiosos e questões ambientais. Meu objetivo é evitar, tanto quanto possível, fragmentar as minhas discussões nas várias disciplinas. Adoto uma postura holística, priorizando um entendimento integral, evitando discussões isoladas. Acredito que o conhecimento deve ser considerado em sua relação com a totalidade, por meio da qual ele adquire sentido.

O trabalho em sala de aula não é resultado apenas de conhecimento da matéria. É também importante conhecer o aluno, saber de suas expectativas e angústias, de seu comportamento fora da escola, do ambiente de sua casa e comunidade, ou seja, conhecer o contexto social e cultural em que vive o aluno a maior parte de sua vida. Não podemos nos esquecer de que o ano tem 8.760 horas, das quais o aluno passa em média apenas mil na escola, pois a legislação determina 200 dias letivos com cerca de cinco horas cada. Considerando-se que a aprendizagem se dá a cada instante de vida, estando o aluno sujeito a todo tipo de experiência fora da escola, é ingênuo acreditar que ele ficará muito tempo ligado a atividades escolares. Essas considerações são fundamentais para o planejamento do professor. Além disso, é importante reconhecer a importância da cultura da família e da comunidade, da etnia e da religiosidade, dos esportes e do lazer no cotidiano do aluno.

É impossível preparar o professor para cada situação na qual ele vai atuar, mas é possível dar a ele uma percepção geral dos vários campos de conhecimento que lhe permitirão perceber a situação da microssociedade, que é a sala de aula, na qual ele vai exercer sua docência. Isso é verdade em todas as situações em que se espera atuar com alguma forma de liderança. Não há dúvida de que o sucesso do professor depende de seu reconhecimento pelos alunos, e também pelos pais, e de sua capacidade de conduzir e auxiliar os estudantes no processo de aprendizagem.

Desde logo, devo deixar claro meu conceito de educação, que vejo como as estratégias da sociedade para preparar gerações para o futuro — um futuro que ninguém conhece. Basicamente, essa preparação implica conceituar educação como o conjunto de estratégias desenvolvidas pelas sociedades para:

- Possibilitar a cada indivíduo atingir seu potencial criativo.
- Estimular e facilitar a ação comum, com vistas a viver em sociedade e exercer a cidadania.

O que a sociedade espera dessa preparação? Uma questão preliminar é o que entendo por sociedade. Há inúmeros tratados sobre o assunto. Reduzindo as várias reflexões a um mínimo essencial, conceituo sociedade como um agregado de indivíduos (todos diferentes) vivendo em determinado tempo e espaço, empenhados em ações comuns e compartilhando linguagem, mitos, valores, normas de comportamento e estilos de conhecimento, que é o que entendo como cultura. Não se pode inibir a individualidade e a criatividade de cada elemento da sociedade. Ao mesmo tempo, para haver sociedade é necessário que os indivíduos adiram a comportamentos acordados pelo grupo e compartilhem seus conhecimentos, isto é, estejam integrados à cultura dominante.

Ao compartilhar e aderir a comportamentos, que são parte da prática social, o indivíduo aceita certas restrições ao que seria seu comportamento individual. Tendências e impulsos são refreados, sendo as necessidades de cada um satisfeitas de acordo com os padrões do grupo e dos valores que são assumidos e respeitados. Criam-se, assim, deveres para com o grupo e direitos de receber dele. A ação do indivíduo subordina-se ao interesse comum e suas necessidades recebem a atenção dos demais membros da sociedade. O problema maior que a espécie humana enfrenta é o equilíbrio entre o comportamento individual, no qual reside a criatividade, e o social, que é necessário para a convivência e o exercício de direitos e deveres acordados pela sociedade – o que se denomina cidadania.

Como age o professor, que é um agente da sociedade cuja responsabilidade é preparar as gerações para a vida futura? É importante lembrar que a ação do professor e dos sistemas educacionais em geral mostrará seus efeitos somente no futuro – que ninguém conhece e no qual agirão os jovens que hoje a sociedade confia a nós, educadores.

Essas considerações sugerem uma pergunta básica: justifica-se, como parte da prática educativa, transmitir conhecimentos disciplinares (conteúdos) e professar, doutrinando e inculcando comportamentos? A história nos diz que sim, desde que a transmissão, a doutrinação e o inculcamento não inibam a criatividade do aluno.

Isso nos leva a distinguir duas missões complementares para os educadores: a do educador, aquele que promove a educação integral, e a do professor, aquele que professa ou ensina uma ciência, uma arte, uma técnica, uma disciplina.

A missão do educador não é usar sua condição para professar ou ensinar uma disciplina nem para fazer proselitismo, isto é, converter o estudante à sua doutrina, ideia ou disciplina, mas sim para cumprir os objetivos maiores da educação. Educar não é fazer catequese. O educador deve subordinar as disciplinas, em particular os conteúdos, aos objetivos maiores da educação, e não subordinar a educação à transmissão e aos avanços das disciplinas. O estudante deve ser, como indivíduo, o determinante do conhecimento que lhe é transmitido.

Uma pergunta que ocorre imediatamente é: "Como fazer isso?" Educação é uma ação. Um princípio básico é que toda ação inteligente se realize mediante estratégias que são definidas com base em informações recebidas da realidade. Portanto, a prática educativa, como ação, deve estar sempre sob influência do contexto social e cultural do momento. O ensino é o cerne da prática educativa.

Realidade. Cabe, já no início deste capítulo, esclarecer que entendo realidade como totalidade absoluta: 1) todos os fatos e fenômenos cósmicos e planetários, toda a natureza, com suas espécies e sistemas ecológicos, fatos e fenômenos criados pelas espécies, em particular pela espécie humana, tudo possível de ser *captado por todos* graças aos sentidos, que diferem de indivíduo para indivíduo; 2) as memórias de experiências pessoais, as ideias, o imaginário e as fantasias, *captadas somente por quem as produziu*, mas que uma vez socializadas em grupos podem ser captadas pelos membros destes. Assim, os indivíduos podem captar pelos sentidos um céu estrelado, uma explosão galáctica mostrada pelo Hubble, um tremor de terra, o estrondo de um trovão, o nascer do sol, ventos, uma casa de joão-de-barro, um edifício e tanto mais. Claro, os sentidos diferem de indivíduo para indivíduo e, de acordo com a conformação de cada um, suas capacidades e estilos de captação variam. Cada um tem sua própria percepção da realidade.

Como isso se reflete no ensino da matemática? Como praticar o ensino sob a influência do contexto social e cultural do momento, afetado pelo espaço e pelo tempo em que a prática educativa se dá? Normalmente, há um programa a ser cumprido. Como fazer que ele nos permita atingir os grandes objetivos da educação? Esse é o desafio do professor que se especializou em uma disciplina, no nosso caso a matemática.

Um primeiro requisito é que o professor conheça sua disciplina, tenha tido uma boa formação, o que inclui os conteúdos básicos – não como um elenco de técnicas, mas como conceitos organizados segundo critérios próprios.

A importância do conceitual na formação do professor de matemática é muito maior que a aquisição de tirocínio para lidar com expressões e manejar fórmulas. Na verdade, algumas das questões mais importantes das ciências e da tecnologia de nossos dias são resolvidas pelos meios digitais. Porém, a utilização desses meios se torna inútil e muitas vezes desastrosa se não for resultado de decisões tomadas com base no conceitual.

Embora não seja o objetivo deste capítulo discutir como deve ser a preparação do professor de matemática, devo dizer que a formação precisa incluir, com muito destaque, história e filosofia, muito além de história e filosofia da matemática. Como seria o destaque desse tratamento? Proponho que se dê com base em uma reflexão ampla sobre conhecimento e comportamento. O que representa a matemática na totalidade de conhecimentos e comportamentos de um indivíduo, de uma sociedade, da população em geral?

Comportamento e conhecimento

Ao longo da história, reconhecemos esforços de indivíduos e grupos sociais para criar estratégias a fim de lidar e conviver com a realidade natural e sociocultural, com seu imaginário, e encontrar explicações. Isso originou os modos de comunicação e as línguas, assim como as religiões, as artes, as ciências e as matemáticas; em suma, tudo que chamamos de conhecimento, muitas vezes também denominado saber. As espécies *Homo*, sobretudo, destacam-se entre as demais por criarem, o que é possível porque conhecem.

Todo conhecimento é resultado de um longo processo cumulativo de geração, de organização intelectual, organização social e difusão de práticas e ideias. Esses estágios, que por certo se influenciam mutuamente, costumam ser estudados, de forma dicotômica, nas disciplinas chamadas cognição, epistemologia, história e educação. O processo é extremamente dinâmico e jamais finalizado. Está, obviamente, sujeito a condições muito específicas de estímulo e de subordinação ao contexto natural, cultural e social. Assim é o ciclo de aquisição individual e social de conhecimento.

Minhas reflexões sobre educação multicultural levam a ver o ato de criar como o elemento mais importante em todo esse processo. Tal ato acontece no presente, que é considerado uma transição entre passado e futuro. Isto é, a aquisição e a elaboração do conhecimento acontecem no presente, em consequência de uma enormidade de experiências de um passado – individual e cultural –, com vistas às estratégias de ação no presente que se projetam no futuro, do futuro imediato ao de longo prazo, modificando a realidade e incorporando a ela novos fatos. Esses fatos, nas modalidades artefatos, mentefatos e sociofatos, compõem o tecido cultura.

As palavras "artefato" e "mentefato", ao lado de "sociofato", foram introduzidas pelo biólogo Julian Huxley (1887-1975) como bases para uma teoria da cultura. Considerando que os artefatos são os elementos da cultura material, os mentefatos podem ser entendidos como os elementos da cultura mental. A mente produz mentefatos – como a criação pura, o imaginário, as teorias –, acessíveis somente a quem os produziu. O esforço da psicanálise, bem como da tortura e dos pretensos "soros da verdade", é arrancar esses mentefatos do indivíduo que os produziu. Porém, para que os mentefatos sejam comunicados a outros – por qualquer método –, a mente deve produzir artefatos, isto é, instrumentos comunicativos como gestos e expressões, sons, linguagem, imagens e outras formas mais sofisticadas – desenhos, símbolos e escrita – que podem ser captadas por outros pelos sentidos.

No ato de criar, é importante a passagem de mentefatos (produção restrita ao indivíduo) para artefatos (produção socializável), quintessência da comunicação, essencial para a vida em sociedade. Voltaremos a essa discussão mais adiante. Os termos mentefatos e artefatos têm sido também usados em semiótica cultural, quando se discutem os conceitos de significado e de significante.

As espécies *Homo*, como todas as espécies vivas, procuram sua sobrevivência. Essa procura é necessária, estando embutida no mecanismo genético de cada indivíduo e da espécie. É uma necessidade da vida, realizando-se aqui e agora. Entretanto, o ser humano é diferenciado e procura satisfazer, além da sobrevivência, outra pulsão, que chamo de transcendência, que vai além da sobrevivência aqui e agora. A procura da satisfação da pulsão de transcendência é resultado da vontade de cada indivíduo e da vontade coletivizada, do etos de um grupo de indivíduos. É resultado da cultura do grupo, como reação socializada às pulsões de sobrevivência e de transcendência, essências da espécie humana. Isso me leva a distinguir a qualidade do ser humano (substantivo), um corpo, como organização de elementos anatômicos, que busca sobrevivência, mais um cérebro que coordena essa anatomia, como acontece com todos os seres vivos complexos; e a qualidade de ser humano (verbo), buscando a transcendência, que é ir além da sobrevivência, própria exclusivamente das espécies *Homo*. A busca da sobrevivência é explicada por várias ciências, como biologia e ecologia. É a satisfação de necessidades. Porém, a busca de transcendência é uma das mais intrigantes e desafiadoras questões filosóficas. Alma? Consciência? Vontade?

Vou refletir sobre a satisfação das necessidades (sobrevivência) e da vontade (transcendência) de forma transdisciplinar e holística. Nessa visão, o presente, que se apresenta como a interface entre passado e futuro, está associado à ação e à prática. O foco de nosso estudo é o homem, como indivíduo integrado e imerso numa realidade natural e social, em permanente interação com seu ambiente. O presente é o momento em que se dá a (inter)ação do indivíduo com seu meio natural e sociocultural, que é o que se chama comportamento. Este, também chamado fazer ou agir ou prática, está identificado com o presente. Em todas as espécies animais, o comportamento esgota-se no presente, sendo em geral chamado de instinto. A espécie humana vai além e procura explicações sobre o seu comportamento, sobre o seu fazer, indagando o porquê e o como das ações. As explicações sobre o fazer são organizadas em teorizações, comumente chamadas de saber ou conhecimento. Na verdade, conhecimento é o substrato do comportamento, que é a essência do estar vivo e do interagir com o ambiente. Essa interação é sintetizada no ciclo vital: a REALIDADE informa o INDIVÍDUO, que processa a informação e executa uma AÇÃO, que tem como resultado a modificação da REALIDADE, que de novo informa o INDIVÍDUO – e assim sucessivamente. Qual é o começo, a realidade inicial, e qual é o resultado de uma ação final? Esse é o maior mistério sobre a vida e sobre o que move todas as ações humanas. As mitologias, as religiões e as filosofias são respostas a esse mistério. Algumas delas são sintetizadas como metáforas. Por exemplo, "alfa e ômega" é a metáfora do cristianismo.

O ciclo REALIDADE → INDIVÍDUO → AÇÃO → REALIDADE significa que a ação de cada ser humano se dá mediante o processamento de informações captadas da realidade, considerada na sua totalidade um complexo de fatos naturais e artificiais. No caso do *Homo sapiens*, o processador é um complexo cibernético com multiplicidade de sensores, memória, comandos, fantasia, intuição e outros elementos que, em nosso estágio de conhecimento, mal podemos imaginar o que sejam. O processamento dessa informação (*input*) tem como resultado (*output*) estratégias de ação. Essas são ações inteligentes, resultantes de estratégias, e não apenas instintivas. Em outros termos, o homem executa seu ciclo vital não apenas pelo instinto animal de sobrevivência (necessidade), mas para satisfazer a pulsão de transcendência por meio da consciência do fazer/saber, isto é, faz porque está sabendo e sabe por estar fazendo. Assim, pelo saber, pode exercer sua vontade. Portanto, no ser humano, necessidade e vontade integram-se, numa relação do tipo simbiótica. Essa integração tem efeito na realidade, criando novas interpretações da realidade natural e artificial, modificando-a pela introdução de novos artefatos e mentefatos. A dicotomia entre concreto e abstrato é incoerente, pois repousa de forma exclusiva no modo de captar fatos, enquanto artefato e mentefato têm que ver com a geração de conhecimento e sua relação simbiótica.

A consciência é como o propelente da ação do homem em direção à sua sobrevivência e transcendência, ao seu saber fazendo e fazer sabendo. Assim, saber não é definitivo, pois o conhecimento, gerador do saber, que vai ser decisivo para a ação – portanto, para o comportamento e para a prática –, está em permanente modificação. Mas o resultado do fazer é definitivo e sempre avaliado, o que resulta na redefinição e reconstrução do conhecimento. O processo de aquisição do conhecimento é, assim, resultado de uma relação dialética saber/fazer ou teoria/prática, que é propelida pela consciência e se realiza em várias dimensões. As dimensões atualmente identificadas, reconhecidas e interpretadas são a sensorial, a intuitiva, a emocional e a racional. Para exemplificá-las usando as denominações de disciplinas, podemos dizer que o conhecimento religioso é favorecido pelas dimensões intuitiva e emocional; o conhecimento científico é favorecido pela racional; e a dimensão emocional prevalece nas artes. Naturalmente, essas dimensões não são dicotomizadas nem hierarquizadas, mas complementares. Não há interrupção, não há dicotomia entre saber e fazer, não há priorização entre um e outro, nem há prevalência nas várias facetas do processo. Tudo se complementa num todo que é o comportamento e tem como resultado o conhecimento. Assim, as muitas dicotomias que se impregnaram no mundo moderno, como corpo/mente, material/espiritual, manual/intelectual, teoria/prática, saber/fazer e outras tantas são meras artificialidades, o que tem uma consequência muito importante no ensino da matemática. O ensino que dicotomiza teoria e prática ignora a essência do processo cognitivo discutido antes. Essa é uma possibilidade de explicação para o fracasso do movimento da matemática moderna. De fato, como a matemática é, em geral, ensinada – como mero treinamento –, favorece o método de projetos e propostas como a matemática realística, de Hans Freudenthal.

Retomo as reflexões, algumas repetindo o que já discuti sobre o encadeamento passado-presente-futuro, que considero a quintessência do comportamento/conhecimento humano.

O presente, como interface entre passado e futuro, manifesta-se pela ação. O presente está assim identificado com comportamento, tem a mesma dinâmica deste, isto é, alimenta-se do passado, é resultado de experiências, da história do indivíduo e da coletividade, de conhecimentos anteriores, individuais e coletivos, e projeta-se no futuro. O comportamento parte de informação proporcionada pela realidade, portanto pelo presente, mas na realidade estão armazenados todos os fatos passados, feitos e completados, além dos desejos e intenções e das expectativas, do imaginário, da fantasia, que informam o(s) indivíduo(s).

Essas informações são processadas pelo(s) indivíduo(s) e resultam em estratégias de ação que dão origem a novos fatos (artefatos e/ou mentefatos) incorporados à realidade. O passado, assim, projeta-se, pela intermediação de indivíduos, no futuro. Mais uma vez, a dicotomia passado e futuro vê-se como artificialidade, pois o instante que vem do passado e se projeta no futuro adquire, assim, o que seria uma transdimensionalidade, algo que poderia ser denominado uma prega (pli) na teoria das catástrofes de René Thom. O sentido dado por Thom é que cada nova situação mantém configurações anteriores e acrescenta algo. Esse repensar a dimensionalidade do instante dá à vida, incluindo os "instantes" do nascimento e da morte, um caráter de continuidade, de fusão passado e futuro no instante. Daí dizermos que não há um presente congelado, como não há uma ação estática – nem comportamento sem uma retroalimentação instantânea (avaliação) que resulta de seu efeito. O comportamento é o elo entre a realidade, que informa, e a ação, que modifica a realidade. Essas reflexões podem ser o ponto de partida para uma releitura do grande obstáculo que representou o tratamento dos irracionais pelos filósofos gregos.

A ação gera conhecimento, gera a capacidade de apreender, de explicar, de lidar, de manejar, de entender a realidade, que é o *mathemá*. Essa capacidade transmite-se e acumula-se horizontalmente, no convívio com outros, contemporâneos, por meio da comunicação, e verticalmente, de indivíduo para si mesmo (memória), de indivíduos para outros (discurso, escrita e outras formas de registro) e de geração em geração (memória histórica). Note-se que experiências vividas pelo indivíduo no passado incorporam-se, por um mecanismo denominado memória, à realidade, como mentefatos, e, uma vez transformadas em artefatos, agregam-se aos demais fatos da realidade. Como mentefatos, informam apenas o indivíduo que os gerou, somente o indivíduo que teve a experiência. Porém, para informar outros indivíduos, devem gerar artefatos. A transição entre um e outro pode ser considerada uma questão insolúvel. É impossível detectar a autenticidade, a sinceridade ou a verdade de um discurso, de um argumento, de um texto ou de um objeto como uma obra de arte (todos são artefatos).

Assim como a mentira. Recomendo a leitura de uma obra-prima da literatura, o pequeno livro de Miguel de Unamuno denominado *San Manuel Bueno, mártir*. Esse tema é fundamental para a prática docente.

O indivíduo não é só. Há bilhões de outros da mesma espécie com seus ciclos vitais individuais: REALIDADE informa INDIVÍDUO, que processa a informação e executa uma AÇÃO, que modifica a REALIDADE, que informa o INDIVÍDUO que a processa, e bilhões de indivíduos de outras espécies, com comportamento específicos, também imersos na REALIDADE ampla e realizando seus ciclos vitais, modificam-na incessantemente. O indivíduo está inserido numa realidade cósmica como um elo entre toda uma história do cosmos, desde um início que se desconhece (uma criação, um *big bang* ou equivalente, ou um "não início"?) até o presente. Tudo o que aconteceu no passado é parte da realidade e influencia tudo e todos. O conhecimento é disponibilizado por informação genética e mecanismos de informação associados ao emocional e aos sentidos. Mas é seletivamente recebido pelo indivíduo conforme suas experiências e suas informações individualizadas, que são os mentefatos gerados por ele e jamais transformados em artefatos. Só ele detém essas informações, que exercem papel importante na seleção.

A recuperação de informações (memória individual, cultural e memória genética) constitui o desafio da psicanálise, da história e de inúmeras outras ciências. Constitui, inclusive, o fundamento de certos modos de explicação (artes e religiões). Esses mesmos aspectos de comportamento manifestam-se nas estratégias de ação que resultarão em novos fatos – mentefatos e artefatos – que se incorporarão na realidade, determinando o futuro. As estratégias de ação são motivadas pela projeção do indivíduo no futuro imediato e no futuro longínquo, até no que seria um momento final, de acordo com suas vontades, suas ambições, suas motivações e tantos outros fatores. Esse é o sentido da transcendência referido aqui.

Ao descobrir outro e outros, presencial ou historicamente, a realização individual do processo de gerar conhecimento como ação é enriquecida pelo intercâmbio, via comunicação, no sentido amplo, com outros indivíduos, que também realizam o mesmo processo. Embora os mecanismos de captar informação e de processá-la, definindo estratégias de ação, sejam individuais e se mantenham como tal, eles são enriquecidos pelo intercâmbio com as informações e o processamento de outros indivíduos. Pela comunicação estabelece-se um pacto social (contrato) entre as partes. O estabelecimento desse pacto é um dos fenômenos mais importantes do comportamento humano e permite definir estratégias para ação comum. Esse pacto não deve eliminar a capacidade de ação própria de cada indivíduo, inerente à sua vontade (livre-arbítrio), mas pode inibir certas ações resultantes do pacto social. Assim só se realizam ações desejáveis a ambos. As ações não desejáveis para uma ou ambas as partes inibem-se e transformam-se, na verdade, em inações. Insistimos no fato de esses mecanismos inibidores não transformarem os mecanismos próprios de informação e de processamento de cada indivíduo, mantendo-se a individualidade expressa nesses mecanismos, mas serem inações conscientes. A diferença apontada entre a inibição como resultado da incapacitação (castração) e a inação que resulta de uma decisão consciente que resulta do pacto social é muito bem exemplificada por Anthony Burgess no livro *Laranja mecânica* (1962), transformado em 1971 no filme antológico de Stanley Kubrick. Livro e filme abordam um dos temas mais sérios da educação desde os primeiros anos da infância: corrigir comportamentos sem anular ou inibir a criatividade.

Facilmente se generalizam essas noções para o grupo, para a comunidade e para um povo por meio da comunicação e de um pacto social, que não devem eliminar a vontade própria de cada indivíduo ou o livre-arbítrio, mas levar à inação consciente. O comportamento é subordinado ao pacto social. O conhecimento gerado pela interação social, fruto da comunicação social, origina um complexo de códigos e símbolos que são organizados intelectual e socialmente. A cultura de um grupo é o substrato de conhecimento, saberes/fazeres gerados pela interação social e do comportamento resultante do pacto social, todos ancorados por um conjunto de valores acordado pelo grupo. Cultura é o que vai permitir a vida em sociedade.

Sociedades e, portanto, sistemas culturais encontram-se mutuamente expostos e sujeitos a uma dinâmica que pode ser um confronto de culturas (*clash of cultures*), com predominância de uma sobre outra, chegando inclusive à eliminação de uma delas, ou a uma dinâmica de interação (*cross fertilization*), produzindo um comportamento intercultural entre grupos de indivíduos, comunidades, sociedades, e criando o novo, dando origem a um novo sistema cultural.

A interculturalidade vem se intensificando ao longo da história da humanidade. Particularmente importante pelas consequências que dela resultaram foi a decorrente do período chamado de "grandes navegações", a partir da segunda metade do século XV, que resultou numa globalização da visão cósmica e da ação política e econômica. Novos códigos e símbolos foram conhecidos, novas culturas foram reconhecidas e alguns códigos e símbolos universalizaram-se, afetando profundamente a maneira de explicar, conhecer, manejar e conviver com a realidade natural, social e cultural de cada uma das culturas que se encontraram. O resultado é o sincretismo, a geração de uma nova cultura. Desse sincretismo resultou a ciência moderna, com profundas consequências para toda a humanidade, novas formas de religiosidade e de governança, de produção e de comércio, e o capitalismo. Nasce assim a civilização moderna. A pluralidade dos meios de comunicação de massa, facilitada pelos transportes, leva essas relações interculturais a dimensões verdadeiramente planetárias.

Estamos vivendo um período em que os meios de captar informação e o processamento individual desta encontram na comunicação e na informática instrumentos auxiliares de alcance inimaginável em outros tempos. A interação entre indivíduos vê na teleinformática, particularmente nas redes sociais, grande potencial, difícil de aquilatar, de gerar ações comuns. Ainda dominadas pelas tensões emocionais, as relações entre indivíduos de uma mesma cultura (intracultural) e, sobretudo, entre indivíduos de culturas distintas (interculturais) representam o potencial criativo da espécie. Assim como a biodiversidade representa o caminho para o surgimento de novas espécies, a diversidade cultural representa o potencial criativo da humanidade.

Inicia-se uma nova era que abre enormes possibilidades de comportamento e conhecimento planetários, com resultados sem precedentes para o entendimento e a harmonia humana. Não para a homogeneização biológica ou cultural da espécie, mas para a convivência harmoniosa dos diferentes, baseada em respeito mútuo, solidariedade e cooperação.

Sempre existiram e foram notadas – e agora com maior evidência graças aos novos meios de comunicação e transporte – maneiras diferentes de explicar, de entender, de lidar e de conviver com a realidade. Isso cria a necessidade de reconhecer comportamentos que transcendem as formas culturais. O tão desejado livre-arbítrio, próprio de ser humano (verbo), deverá se manifestar num modelo de transculturalidade que permita que cada ser humano atinja a sua plenitude. A etapa em direção a esse novo estágio na evolução da nossa espécie é, muitas vezes, chamada de multiculturalismo e vem se impondo nos sistemas educacionais de todo o mundo.

A exposição anterior sintetiza a fundamentação teórica que serve de base a um programa de pesquisa sobre a geração, a organização intelectual e social e a difusão do conhecimento, que denomino "programa etnomatemática". Ele resulta do reconhecimento de que, na sua aventura como espécie planetária, o *Homo sapiens sapiens*, bem como as demais espécies de hominídeos que a precederam, desde cerca de 7 milhões de anos, tem seu comportamento, seus fazeres alimentados pela aquisição e acumulação, construção e reconstrução de conhecimento, de saberes. Isso permitiu a nossos antepassados sobreviver e transcender, graças a distintas maneiras, modos, técnicas e artes (τεχνη ≈ *techné*) de aprender, explicar, conhecer, lidar e conviver (μαθημα ≈ mathemá), em suas distintas realidades naturais e socioculturais (εθνος ≈ ethno). Metodologicamente, trata-se de um programa transdisciplinar. Na linguagem disciplinar, poder-se-ia dizer que ele abarca o que constitui o domínio das chamadas ciências da cognição, da epistemologia, da história, da sociologia, da transmissão do conhecimento e da educação, todas tratadas de forma integrada e interativa ao longo do processo. Essas *technés* de *mathemá* em distintos *ethno* é o que chamo, abrandando a ortografia e mudando a ordem de etno+matemá+tica, ou simplesmente etnomatemática.

O que chamamos simplesmente de matemática (ou matemática acadêmica/matemática escolar), portanto, é uma etnomatemática, que se originou na bacia do Mediterrâneo, principalmente da Grécia, como os modos, maneiras, técnicas e artes de aprender, explicar, conhecer, lidar e conviver com a realidade natural e sociocultural daquele povo. Posteriormente, expandiu-se pelo mundo islâmico e, após as Cruzadas, por toda a Europa. Com as grandes navegações e as conquistas realizadas no período colonial, disseminou-se por todo o planeta e impôs-se, substituindo, em grande escala, as várias etnomatemáticas dos povos dominados. Sua aceitação e seu sucesso devem-se à sua eficácia como conhecimento básico para as ciências, a tecnologia, a economia, as artes e as religiões que se desenvolveram na Europa, constituindo o que chamamos de Idade Moderna. Essa matemática tornou-se um *corpus* de conhecimento essencial em todas as nações que aderiram ao modelo civilizatório imposto pelos conquistadores e colonizadores.

Não é surpresa que a matemática seja uma etnomatemática. Naturalmente, em todas as culturas e em todos os tempos, o conhecimento, que é gerado pela necessidade de uma resposta a problemas e situações do cotidiano, resultado do contexto natural, social e cultural, é organizado como um *corpus*. Indivíduos e povos têm, ao longo de sua existência e da história, criado e desenvolvido estratégias de reflexão e de observação e instrumentos teóricos associados a esses instrumentos materiais. Entre essas estratégias encontram-se práticas de observação, comparação, classificação, contagem, medição e inferência, em geral mescladas ou dificilmente distinguíveis. Elas são objeto da conceituação ampla do programa etnomatemática. Todas essas manifestações foram desenvolvidas com a finalidade de explicar, conhecer, aprender, saber/fazer, o que parte de problemas e situações do cotidiano. A essência da pesquisa do programa etnomatemática depende de entender o ciclo completo de comportamento e conhecimento com base no processo psicoemocional de geração de conhecimento – que é a essência da criatividade e pode ser sintetizada em três etapas:

1. Práticas *ad hoc* → métodos: como se dá a passagem dessas práticas para lidar com problemas e situações do cotidiano e de questionamentos sobre fatos e fenômenos amplos a métodos?
2. Métodos → teorias: como os métodos dão origem a teorias?
3. Teorias → invenções: como as teorias servem de fundamentação para estimular e propor o novo e as invenções?

Não é objetivo deste capítulo discutir o programa etnomatemática. O leitor interessado poderá recorrer à vasta bibliografia sobre o tema, orientado por algumas referências no final deste capítulo.

Sobre conhecimento

Baseio meus argumentos em uma hierarquia comportamental que vai do comportamento individual – que inclui a aprendizagem, a aquisição de conhecimentos e as estratégias de ação – ao comportamento social – que resulta do encontro entre dois indivíduos. Esses dois comportamentos geram o contexto de comportamento cultural, incluindo os processos de transmissão e exposição mútua de culturas diversas, objeto de estudo da dinâmica de encontros culturais. A transferência de conhecimento, especialmente de tecnologia, é crucial na análise do processo de desenvolvimento, fundamental para compreender a globalização.

Preliminarmente, estou interessado em compreender o processo de aprendizagem, aquisição de conhecimentos e estratégias de ação, que constituem uma hierarquia no comportamento individual. É o que se passa com a criança desde o nascimento, quando, ao cortar seu cordão umbilical, ela adquire autonomia. Deve aprender a sobreviver, a respirar e a se alimentar. Num processo de mimetismo – e por isso é fundamental que a criança conviva com outras crianças –, ela aprende a ficar em pé, o que implica equilíbrio, e a andar. Assim, domina seus movimentos, seu corpo.

Também se procura estimular a criança a desenvolver atividades mentais. Os brinquedos e os jogos têm como objetivo principal estimular a habilidade de observar, comparar, classificar, ordenar, quantificar, medir, explicar, generalizar, inferir.

O processo de aprendizagem, em particular a aquisição da linguagem, dá origem ao comportamento social, que eventualmente vai evoluindo no chamado processo educacional. O comportamento social torna-se mais complexo e culmina no fenômeno cultural. É fundamental entender como artefatos incorporados à realidade, como as artes e as técnicas, geram mentefatos, tais como religião, valores, filosofias, ideologias e ciências, que são também incorporadas à realidade no sentido amplo. Esta é constituída de fatos e fenômenos naturais mais os produzidos pelos seres vivos e, o que nos interessa, aqueles produzidos pelo homem, que são artefatos + mentefatos.

A grande dificuldade que encontramos nessas considerações é que a realidade, no sentido amplo, está em permanente transformação, tanto os fatos e fenômenos naturais, devido à evolução natural do complexo geológico e também das formas de vida, quanto os produzidos pelos seres vivos e, o que mais nos interessa, aqueles produzidos pelo homem. Não temos absolutamente nenhum controle sobre a evolução de fatos e fenômenos naturais. É uma falácia, politicamente conveniente, atribuir muitas transformações da realidade natural apenas ao homem. Sem dúvida, o comportamento humano tem efeitos adicionais àqueles próprios à evolução natural, como é o caso da emissão descontrolada de gás carbônico. Um alerta é que podemos ter controle sobre a evolução de fatos e fenômenos produzidos pela ação de seres vivos, em particular pelo homem. Como disse o cientista inglês Martin Rees num editorial da revista *Science* (8 mar. 2013): "As principais ameaças à existência sustentável da humanidade agora vêm de pessoas, não da natureza. Choques ecológicos que degradam irreversivelmente a biosfera podem ser desencadeados pelas exigências de um crescimento insustentável da população do mundo".

Em suma, a realidade está em permanente transformação devido à evolução de fatos e fenômenos naturais – sobre os quais não temos controle – e à evolução de fatos e fenômenos produzidos pelos seres vivos – os quais podemos controlar. O objetivo deste capítulo é discutir, de forma sucinta, apenas os artefatos e mentefatos produzidos pelos seres humanos.

Podemos agir sobre os mentefatos produzidos desde os primeiros meses de vida, como as estratégias que todo indivíduo desenvolve para se manter vivo (respirar e alimentar-se), o desenvolvimento dos sentidos, a capacidade de se locomover, que facilita a interação com outros, e a integração em ambientes sociais. Infelizmente, a educação tem dado pouca atenção a essa fase. Programas como o Mobilização Brasileira pela Primeira Infância (Mobi), lançado pelo Instituto Zero a Seis (www.zeroaseis.org.br), são iniciativas que merecem a atenção de educadores – na verdade, de toda a população. As pesquisas de Alison Gopnik, consubstanciadas em seu livro *The philosophical baby: what children's minds tell us about truth, love, and the meaning of life* (2009), deveria ser parte essencial na formação de professores. A insistência em trabalhar com os clássicos Jean Piaget e Lev Vygostsky, inegavelmente muitíssimo importantes, pode ser um empecilho ao reconhecimento de novos enfoques à aprendizagem. A educação e os conceitos ligados à aprendizagem devem ser estudados à luz dos avanços das neurociências. Um tratamento acessível sobre importantes avanços nessa área é dado por Regina Migliori em seu livro *Neurociências e educação* (2013).

O conhecimento gerado individualmente é representado como um ciclo:

Figura 1

Assim é gerado o conhecimento individual. A REALIDADE, no sentido amplo, INFORMA O INDIVÍDUO, que exerce uma AÇÃO, que naturalmente exerce sua influência na realidade, que está em permanente modificação. Sintetizando, podemos considerar a geração de conhecimento individual um processo cíclico e permanente:
...→ realidade → indivíduo → ação → realidade →...
Graficamente:

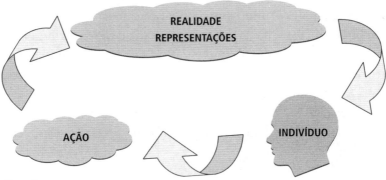

Figura 2

Entretanto, o indivíduo não está sozinho. O gregarismo é uma característica das espécies animais, em particular da humana. Como o indivíduo e o outro interagem? A comunicação desempenha papel fundamental na interação. Uma forma mais sofisticada de gregarismo, característica das espécies *Homo*, é a sociabilidade, muito relacionada com a linguagem.

O surgimento da linguagem é um tema fascinante. Quando uma expressão sonora de um ser humano tomou a forma de palavra? Isso é muito bem estudado por Christine Kenneally no livro *The first word: the search for the origin of language* (2007). A origem do encadeamento de palavras na forma de linguagem é um dos maiores desafios na evolução intelectual da humanidade. Acompanhamos bem essa evolução observando crianças.

A linguagem é um instrumento de comunicação entre indivíduos de um grupo, identificado como o idioma do grupo, sendo responsável pela sofisticação das capacidades cognitivas. Pesquisas recentes mostram que o idioma é um esforço do potencial criativo grupal. Um exemplo do poder político do idioma na organização de estratégias de ação é evidenciado no episódio bíblico da Torre de Babel.

Admito que, por meio da comunicação, mesmo antes do surgimento da linguagem, indivíduos interagem e assim compartilham os conhecimentos por eles gerados individualmente, conforme as figuras anteriores, e passam a compartilhar experiências e conhecimentos individuais, gerando assim conhecimentos socializados. Basta observar crianças brincando. É notável como, mesmo sendo de culturas diferentes, falando línguas diferentes, elas se entendem. O mesmo acontece com adultos. Com certeza, algo semelhante ocorreu com a espécie humana na trajetória de sua evolução.

A linguagem, que leva à capacidade de argumentação, acarreta a aceitação comum de certos comportamentos e a rejeição de outros. Assim se originam sistemas de valores e normas de comportamento, que são conhecimentos socializados. Conceituo cultura de grupo como o conjunto de conhecimentos compartilhados pelo grupo e de comportamentos compatíveis e aceitos por ele. Exemplos de conhecimentos compartilhados são a linguagem, os valores e as normas sociais.

Entender a transição do conhecimento e do comportamento individuais para o conhecimento e o comportamento socializados, que são os pilares de uma cultura, talvez seja o maior desafio da história da civilização. Da mesma forma que se discute "*nature versus nurture*", há uma controvérsia sobre o "individual *versus* o social" na construção de conhecimento, sendo menor a controvérsia sobre comportamento.

A utopia do indivíduo só, que parece se tornar cada vez mais atrativa – na maneira de se dizer "Cuido de meus interesses, de minhas vontades e prazeres e os outros que se danem" –, parece estar se tornando um estilo de comportamento.

É muito importante repetir e fazer que as pessoas, desde a infância, percebam que o indivíduo é pura utopia. Há grandes movimentos, muitos deles religiosos, procurando estimular o respeito e o amor ao próximo. Acredito que reflexões sobre a essencialidade do outro devam ser incorporadas na formação dos professores. É necessário propor, como inadiável e essencial, uma ética maior – que eu chamo de ética primordial –, que vai além de todos os sistemas de valores e se reduz a três pontos:
1. Respeito pelo outro, que é diferente (no que se refere a cor, religião, preferências de qualquer natureza, aspectos físicos e morais, status social e econômico), reconhecendo que, como seres humanos, todos somos iguais em essência.
2. Solidariedade para com o outro, com todas as suas diferenças, pois sem o outro a espécie se extingue.
3. Cooperação com o outro, pois não somos capazes de realizar quase nada sozinhos.

Essa ética é uma consequência óbvia do fenômeno vida. É interessante pensar em uma ética ainda mais ampla, que vai além da continuidade de nossa espécie e tem como alvo a própria vida como processo evolucionário. Sugiro uma leitura muito instigante: a maravilhosa obra de ficção de George Graylord Simpson intitulada *A descronização de Sam Gruder* (1997). É importante esclarecer que o autor dessa obra foi um emérito professor da Harvard University, considerado o maior paleontólogo da história e grande estudioso dos dinossauros, inspirador do filme *Jurassic Park*. Recomendo a leitura não só por ser bem escrita, mas também por provocar reflexões profundas sobre a criação e a vida, a ética da modificação de espécies (transgênicos) e o passado e futuro. Descronização significa ir além do tempo, voltar para o passado ou rumar para o futuro. Um sonho de todo ser humano...

É importante entender o impacto das estruturas socializadas, isto é, da cultura, sobre as estruturas cognitivas do indivíduo e como as estruturas de consciência individual e de cognição podem afetar as estruturas da sociedade. Essencialmente, como indivíduos e sociedade interagem em ações cognitivas e sociopolíticas.

Um grande desafio para os educadores é entender como idiomas, artes, religiões, estilos/formas de conhecimento e outras maneiras de comportamento se estabelecem como ideologias e passam a influenciar ações, tanto individuais quanto sociais. Por exemplo, como se dá a dialética "individual *versus* social" e quais são as consequentes ações individuais e políticas. Isso é muito bem estudado por Wu (2007) ao refletir sobre Lenin e Vygotsky.

Cada indivíduo recebe da realidade informações pessoais, próprias, captadas pelos sentidos, entre elas a memória e a imaginação; pela comunicação, compartilha, troca, mescla e enriquece – ou às vezes deturpa – essas informações, criando o que poderíamos chamar de "informação socializada". Por meio de códigos e símbolos, sobretudo graças à linguagem, essa informação é organizada como conhecimento comum. Em outros termos, essa interação do grupo (indivíduo + outros = sociedade) gera o conhecimento comum ao grupo, com a mesma motivação de lidar com a realidade comum, de entendê-la e explicá-la. A imagem a seguir é conveniente para esse processo:

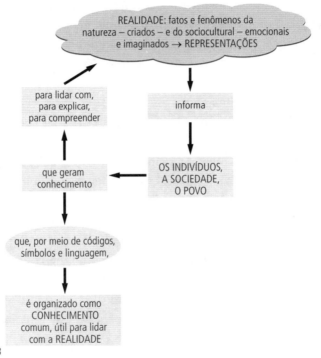

Figura 3

Essa figura é muito semelhante à Figura 1. Esta representa a geração de conhecimento por um indivíduo, enquanto o gráfico acima representa a geração de conhecimentos por uma pluralidade de indivíduos que se comunicam, pela sociedade e pelo povo em geral. Esse conhecimento comum, compartilhado por todos, mostra-se útil para lidar com a realidade comum, com os fatos e fenômenos do ambiente natural, ambiental e sociocultural. Naturalmente, em se tratando do emocional, do imaginário e até mesmo das representações, o conhecimento é individual.

Essas figuras podem ser interpretadas como o ciclo em que a realidade informa o indivíduo ou o grupo, que realiza uma ação (corporal e mental) que acrescenta e modifica a realidade, que, uma vez modificada, informa novamente o indivíduo e o grupo, que então geram novo conhecimento com a mesma motivação de explicar, compreender e lidar com a realidade modificada... E assim se repete todo o processo, cada vez com a sutileza de ser uma realidade cambiante e que, portanto, oferece informações diferentes, como ilustrado na Figura 2.

Em todos os tempos e locais, grupos de indivíduos que socializam seus modos de observar, comparar, classificar, ordenar, quantificar, medir, explicar, generalizar e inferir geram e organizam conhecimento, como vimos na Figura 3. Esse conhecimento é assumido pela sociedade e pelo povo em geral porque é útil, serve a uma finalidade; não só para a sobrevivência no dia a dia – como é o caso de práticas agrícolas –, mas também para a transcendência, que é a busca de explicações para fatos e fenômenos organizados como mitos e espiritualidade, como crenças e valores que harmonizam o comportamento do grupo. São conhecimentos comuns, úteis para toda a comunidade.

Os sistemas de conhecimento permitem-nos compreender e explicar fatos e fenômenos da realidade, além de lidar com ela. Assim, são importantes estratégias para o grupo, para a sociedade e para o povo em geral para lidar com problemas e situações diárias. São habilidades poderosas e dominantes.

As sociedades – militares, místicas, religiosas, aristocráticas e republicanas – são submetidas a diferentes formas de poder. Em todos esses casos, os detentores de poder reconhecem a importância e a conveniência dos sistemas de conhecimento gerados pelo povo para lidar com problemas e situações do cotidiano, e percebem a conveniência de detê-los e controlá-los. Assim, os sistemas de conhecimento gerados e organizados pelo grupo são expropriados pela estrutura de poder e são institucionalizados de formas muito diversas.

Graficamente, temos:

Figura 4

A forma como o conhecimento é organizado em disciplinas em variados contextos culturais é o tema de um excelente livro de G. E. R. Lloyd, *Disciplines in the making* (2009).

As disciplinas são institucionalizadas como setores da sociedade, destacando-se o clero, com seus fundamentos mitológicos/filosóficos/teológicos, muitas vezes convenientemente organizados para ter caráter de verdade; a classe política, com normas e leis de suporte à governança e garantidos por forças armadas; as academias, guardiãs das disciplinas; e muitos outros setores controlados pelas classes subordinadas à estrutura de poder. Esses setores são apresentados ao povo como essenciais para o funcionamento da sociedade, responsáveis pela transmissão dos conhecimentos próprios a cada setor. Essa transmissão é dada por sistemas submetidos a filtros, muitas vezes mistificados, que garantem que o conhecimento e as estratégias associadas não desafiarão a estrutura de poder vigente.

O esquema a seguir ilustra bem todo esse processo.

Figura 5

O ciclo completo de conhecimentos é a fusão sintetizada das Figuras 3 e 5, apresentada na Figura 6.

Lamentavelmente, a partir do final do século XVIII, inicia-se a especialização em disciplinas, uma forma de reducionismo. As várias etapas do ciclo completo do conhecimento, representado na Figura 6, passam a ser estudadas em disciplinas específicas. A etapa representada na Figura 1 é estudada nas teorias de cognição, analisando principalmente a geração individual do conhecimento e tentando explicar a geração social do conhecimento comum. Despontam os nomes de Jean Piaget e Lev Vygotsky. A organização do conhecimento gerado por indivíduos e socializado é estudada na epistemologia, que focaliza sobretudo os paradigmas que pautam

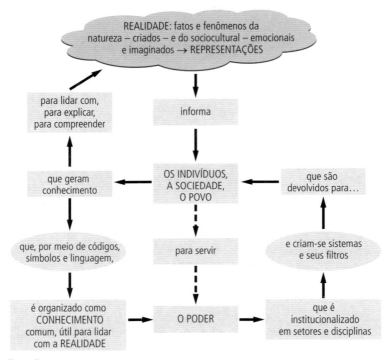

Figura 6

essa organização. Essa etapa é representada em parte da Figura 3. A expropriação, como destacada na Figura 4, é timidamente estudada na política e na história, bem como a institucionalização, a devolução e os sistemas de filtros, esquematizados na Figura 5. Essa devolução, que é essencialmente a transmissão do conhecimento objetivado, é responsabilidade dos sistemas de ensino, complementada por sistemas de difusão. Isso é estudado pela educação.

Essa fragmentação dificulta a percepção de que todas as etapas se influenciam mutuamente. Dou alguns exemplos dessas influências mútuas: o regime soviético na geração de conhecimento agrícola (caso Lysenko): Figura 4 → Figura 1; o gosto musical na Alemanha nazista (bem discutido no livro *A orquestra do Reich*, de Misha Aster [2012]): Figura 4 → Figura 5; a exclusão da filosofia grega na Alta Idade Média da Europa cristianizada: Figura 5 → Figura 3.

Minha proposta é entender a evolução do ciclo completo do conhecimento ao longo da história. Essa proposta reconhece que o conhecimento é uma característica intrínseca da espécie humana em resposta às pulsões de sobrevivência e de transcendência que caracterizam o homem. A vida de todas as espécies é a busca incessante da sobrevivência. Entretanto, a espécie humana, diferentemente das demais, busca, além da sobrevivência, a transcendência.

Sobrevivência e transcendência são as ações indissociáveis, essenciais, gerais e intrínsecas ao ciclo primordial ... → realidade → indivíduo/grupo → ação → realidade →...

Enquanto houver vida, há ação. O ciclo representado acima, e na Figura 2, é um processo permanente, que sintetiza a vida como um processo dinâmico, a que todo animal é submetido. A ação manifesta-se de várias maneiras.

Volto a falar sobre crianças. Como vimos, elas desenvolvem, desde o início da vida, habilidades para observar, comparar, classificar, ordenar, quantificar, medir, explicar, generalizar, inferir. Sabe-se que as ideias matemáticas surgem do desenvolvimento dessas habilidades. Assim, podemos dizer que toda criança desenvolve as ideias básicas da matemática, como no modelo ilustrado na Figura 3, e é submetida aos sistemas escolares, segundo o modelo ilustrado na Figura 6.

VALÉRIA AMORIM ARANTES (ORG.)

A metáfora do triângulo primordial

O ponto de partida para todas as minhas reflexões é o começo. Qual é a origem do universo? Como foi criado o homem? Obviamente, são questões para as quais não tenho resposta – e não acredito que um dia haverá. Há crenças que coexistem e se renovam. As duas questões são respondidas de modos distintos em diferentes tradições culturais. Todas as culturas têm suas explicações para a criação do universo e do homem. Muitas recorrem a entidades sobrenaturais, a divindades. A diferença mais marcante é entre explicações monoteístas e politeístas. No monoteísmo bíblico, é um criador único e eterno (Jeová, Deus, Alá). Em outras culturas, é um politeísmo amplo. Na cultura científica moderna, que se estabelece a partir do século XVII, a explicação mais aceita é a do chamado *big bang*, proposta pelo belga Georges Lemaitre na década de 1960. Na evolução do universo, fatores diversos contribuíram para o surgimento da vida. Não vou entrar em mais interpretações e detalhes das várias teorias sobre o tema.

Todas as teorias reconhecem o fenômeno vida como algo inconcluso e complexo, em permanente transformação, sujeito a uma dinâmica que não conhecemos. E não acredito que viremos a conhecer.

Os primeiros seres vivos evoluíram de organismos unicelulares para outros mais complexos, multicelulares, diferenciados como espécies. Cada ser de uma mesma espécie tem igual estrutura, com uma diferenciação básica de sexo, e um regulador das atividades do corpo, denominado cérebro. Os cérebros de indivíduos de uma mesma espécie são semelhantes na estrutura, mas individualmente diferentes. Desenvolvo minhas ideias a partir dessas considerações.

O indivíduo é um organismo vivo, complexo na sua definição e na sua funcionalidade, cuja ação do corpo é coordenada por impulsos que emanam do cérebro, órgão responsável pela organização e execução de ações. Corpo e cérebro são mutuamente essenciais, de fato uma só entidade.

Em sua obra principal, *A árvore do conhecimento*, Humberto Maturana e Francisco Varela introduziram o conceito de autopoiese para descrever a maneira como as diferentes partes de um organismo interagem para manter a vida. Na verdade, devemos considerar a interação na tríade indivíduo/outro/natureza. Não há como falar só sobre o indivíduo.

O fenômeno vida tem incertezas e contradições intrínsecas. Porém, sempre se reconhece que a vida se realiza a partir de três elementos fundamentais e das relações entre eles. Esses seis elementos são um indivíduo, outro indivíduo e, portanto, a sociedade; a natureza e as relações entre eles são princípios fisiológicos e ecológicos. Subentende-se indivíduo e outro como sendo da mesma espécie e natureza como a totalidade planetária e cósmica. Represento esses seis elementos, que são a essência da vida, como um triângulo, que chamo de triângulo primordial.

Graficamente:

Figura 7

Os três componentes – o indivíduo, o outro e a natureza – são mutuamente essenciais. Essa essencialidade realiza-se nas inter-relações entre esses três componentes, como em um triângulo. Daí a metáfora. Três vértices apenas não constituem um triângulo, tampouco três lados. Somente temos um triângulo se tivermos seis elementos, três vértices e três lados, conectados. Assim é a vida. Só há vida se tivermos indivíduo, outro/sociedade e natureza interligados por princípios fisiológicos – essencialmente nutrição, na relação indivíduo-natureza, e acasalamento, entre indivíduos de sexos distintos – e ecológicos – entre o grupo, a sociedade e a natureza. Detalhes sobre a origem dessa metáfora podem ser vistos na segunda edição do meu livro *Educação para uma sociedade em transição* (2011).

O indivíduo sujeita seu comportamento a relações básicas com a natureza e com o outro, expressas nas seguintes ações fundamentais:

- nutrir-se;
- reconhecer o outro;
- comunicar e compartilhar;
- aprender;
- adaptar-se;
- acasalar.

Os objetivos dessas ações são sobreviver e dar continuidade à espécie.

Uma questão maior, ainda não respondida, é: "Que forças levam os seres vivos a esses comportamentos?"

O homem, como todo organismo vivo, tem definição e funcionamento complexos, estando sujeito aos mesmos comportamentos básicos de todo ser vivo. Busca sobrevivência individual e a continuidade da espécie. Mas, diferentemente dos demais seres vivos e mesmo das espécies mais próximas, o homem busca algo além da sobrevivência, que é o que chamamos de transcendência. A transcendência subordina a própria sobrevivência do indivíduo e a continuidade da espécie, como discutirei adiante.

Para satisfazer a pulsão de sobrevivência, cada espécie animal desenvolve meios para trabalhar com o ambiente mais imediato – que fornece ar, água, alimentos – e com os outros, necessários para a procriação, o que significa tudo que é necessário para a sobrevivência dos indivíduos e das espécies.

Há uma ação para aprender a lidar com a pulsão de sobrevivência. Isso permite uma forma de comunicação entre os indivíduos e o compartilhamento de estratégias para garantir a sobrevivência individual e da espécie. As estratégias de aprendizagem envolvem o mimetismo e outras formas sofisticadas de interação, espontâneas e instintivas, são comum a todas as espécies animais. Pesquisas recentes de primatologia mostram alguma forma rudimentar de intencionalidade, além do espontâneo e instintivo, nessas interações, o que permite reconhecer uma forma de instrução entre chimpanzés.

Como já vimos, as estratégias de sobrevivência, chamadas em geral de instinto, são absolutas em todas as espécies animais, inclusive nas espécies *Homo*. Nestas, porém, desenvolveu-se a subordinação do instinto à vontade individual.

O que significa vontade, que subordina o instinto? O reconhecimento de vontade, ou livre-arbítrio, está presente nas religiões – e, de fato, fundamenta-as. No monoteísmo bíblico, o que distingue o homem dos animais é o livre-arbítrio. O mesmo se dá em outras tradições religiosas. Lembro, como exemplo, a guerra entre os Pandavas e Kauravas, logo no início do épico indiano *Mahabarata*. O tema do livre-arbítrio é um dos mais discutidos nas teorias de evolução. Na evolução para a espécie *Homo sapiens*, acho difícil negar que a vontade implica as decisões sobre as ações.

A vontade manifesta-se de vários modos. Leva a escolhas e preferências e, assim a emoções, que são intrínsecas aos *Homo sapiens*. Assim, reconhecemos, como característica dessas espécies, outra pulsão, a de transcendência – que vai além da pulsão de sobrevivência e, de fato, a subordina. O ser humano é o único que, por vontade, interrompe a vida. Por sua vontade comete suicídio e homicídio, muitas vezes apoiado em decisões sociais, executando penas de morte ou de extermínio de grupos e facções. Por vontade, pratica o celibato, não dando continuidade à espécie.

Além disso, a pulsão de transcendência é responsável pelo surgimento de busca de explicações, de compreensão e de criação. Em todas as espécies, o fazer esgota-se em habilidades, técnicas e estratégias. Já a espécie humana procura saber "por quê?" Em consequência, transcende a nossa existência no presente, questiona o passado e tenta conhecer o futuro. É notável a frase do padre Antonio Vieira (1608-1697) em sua obra magistral, *História do futuro* (publicada em 1718):

> Nenhuma coisa se pode prometer à natureza humana mais conforme a seu maior apetite, nem mais superior a toda sua capacidade, que a notícia dos tempos e sucessos futuros... O homem, filho do tempo, reparte com o mesmo tempo ou o seu saber ou a sua ignorância; do presente sabe pouco, do passado menos e do futuro nada.

Na busca no passado e na projeção no futuro, grupos geram sistemas de explicação para fatos e fenômenos encontrados em seu ambiente natural e imaginário. Isso permite desenvolver instrumentos e técnicas com uma dimensão cognitiva própria dos seres humanos, estruturada como linguagem, e para satisfazer necessidades como formas elaboradas de produção, organizada como sistemas de trabalho e de poder.

Os fatos e fenômenos encontrados em seu ambiente natural, artificial e imaginário são incorporados à memória individual e coletiva e evoluem como representações do real (modelos). Dão origem a artefatos, que são elaborações com base nessas representações, e a mentefatos, como sistemas de explicações sobre os fatos e fenômenos. As explicações sobre as origens e a criação organizam-se como mitos e mistérios, como história e tradições, o que inclui as religiões e os sistemas de valores. Todos se incorporam à memória individual e coletiva.

As explicações sobre as origens e a criação geram a vontade de saber o futuro. Ora, os responsáveis pela criação, as divindades, devem saber por que a fizeram. Portanto, para saber o futuro, o melhor é consultá-las. Assim surgem as artes divinatórias. Exemplos são a astrologia, os oráculos, o I Ching, a numerologia, a cabala, o tarô, os búzios e tantas outras práticas. A própria lógica clássica tem caráter de arte divinatória. O silogismo clássico (Todo homem é mortal + Sócrates é homem → Sócrates é mortal) ilustra isso. Ao dizer que Sócrates é mortal, estamos afirmando que, no futuro, Sócrates vai morrer. Essa antecipação de um fato futuro, sem recorrer à consulta a divindades, é o grande avanço em direção ao racionalismo. Assim surgem as ciências em geral, por meio das quais, mediante leis, podemos saber o que vai acontecer – antes que aconteça. Os fatos e os fenômenos, que são objeto de uma lei científica, exprimem-se em funções.

O conceito de função é ilustrativo. A notação usual para uma função é y = f(x), em que f é a expressão matemática de uma lei (as leis são estabelecidas com base em observações repetidas, coleta e análise de dados, combinação de outras leis, deduções matemáticas etc.) e y é forçosamente o resultado dos cálculos na expressão matemática da lei (que é determinada, rígida). No fenômeno expresso pela função y = f(x), quando se dá à variável independente um valor x, que é um dado do presente, o resultado indiscutível é y, que é um dado do futuro. É o presente (x) projetando-se no futuro (y) mediante a lei (f), que resulta de observações, análise e combinação de fatos que já aconteceram, isto é, do passado. Assim, podemos dizer que uma função encadeia passado, presente e futuro e permite saber o futuro y, antes que aconteça, com base no passado f e no presente x. As ciências são, portanto, uma arte divinatória submetida a critérios tidos como verdade, que são compartilhados e aceitos por um grupo. Esses critérios são componentes da cultura do grupo.

Todo esse processo tem origem na construção de conhecimento e comportamento individual. O indivíduo cria suas interpretações e percepções da realidade no sentido amplo e suas opiniões, que muito vezes têm caráter de "lei" e de verdade. A realidade informa diferentemente cada indivíduo pelos seus sentidos (que variam de um ser humano para outro), pela memória e até pelo imaginário. Este pode ir da fantasia à esquizofrenia. As informações, resultado de sentidos, memória e imaginário, permitem ao indivíduo interpretá-las e criar sua representação pessoal, individual, da realidade. Isso é fortemente notado em crianças, quando criam seu universo imaginário.

O indivíduo seleciona certos aspectos da sua representação pessoal da realidade, de acordo com as informações que recebeu e, com essa seleção, cria o que chamamos de modelos. Elaborando esses modelos, criam seus sistemas de explicações sobre fatos e fenômenos, sobre mitos e mistérios, e produzem artefatos. É comum observarmos uma criança que toma uma caixinha e faz daquilo um avião. De forma um tanto mais elaborada, adultos mostram esse mesmo processo.

O indivíduo não é só, e no encontro com outros, sobretudo graças à comunicação no sentido amplo, as representações são apresentadas, compartilhadas e, geralmente, modificadas. É o que se passa nas escolas ao dar às crianças a oportunidade de elaborar suas representações e seus modelos da realidade. Dar à criança a oportunidade de falar e descrever um objeto, um fato ou um fenômeno é fundamental no processo educacional. Na exposição aos colegas e ao professor, será possível socializar suas representações e seus modelos, receber outras opiniões e críticas e modificar, convenientemente, suas interpretações da realidade. Chega-se a modelos socialmente compartilhados, que são organizados como artes, técnicas e teorias – sempre com o objetivo de explicar e lidar com fatos e fenômenos, mitos e mistérios de interesse comum. Creio que essa socialização justifique a existência de escolas. O processo de socialização e modificação de construções puramente individuais pela socialização é muito mais importante que receber um conhecimento transmitido pelo professor. Justifico, assim, minha desaprovação ao chamado *home schooling*, no Brasil denominado ensino doméstico.

Os sistemas de explicações sobre fatos e fenômenos, sobre mitos e mistérios, socialmente organizados, evoluem ao longo da história de um grupo e constituem as estratégias deste para lidar com aspectos selecionados da realidade. São historicamente organizados como sistemas de conhecimento daquele grupo.

É importante termos presente nas nossas reflexões que o comportamento e o conhecimento são resultado de duas grandes pulsões, que respondem essencialmente a questões básicas que nos acompanham desde a mais tenra infância: o que fazer, como fazer, por que fazer, como se explica esse fazer.

- Pulsão de sobrevivência do indivíduo e da espécie, que, como em toda espécie viva, se situa na dimensão do momento, sintetizado na resposta a "o que fazer?"
- Pulsão de transcendência do momento e do local, que, diferentemente das demais espécies, se situa em outra dimensão do complexo corpo/mente, levando o homem a indagar "como?", "onde?", "quando?", "por quê?"

Conhecimento e comportamento manifestam-se na criação de intermediações criadas pelo homem no triângulo primordial. Essas intermediações tornam mais complexas as relações básicas (os lados) e podem ser sintetizadas na utilização de instrumentos e técnicas no relacionamento indivíduo ↔ natureza, de comunicação e emoções no relacionamento indivíduo ↔ outro e de produção e trabalho no relacionamento sociedade ↔ natureza. Graficamente:

Figura 8

O comportamento de cada indivíduo é aceito pelo seu próximo quando subordinado a parâmetros, que denominamos valores, que implicam os acertos e os equívocos na produção e na utilização das intermediações criadas pelo homem para sua sobrevivência e transcendência.

O triângulo primordial responde pela sobrevivência individual do ser humano (substantivo) e pela sobrevivência da espécie; o triângulo ampliado, no qual os lados incluem comunicação e emoções, instrumentos e tecnologia e trabalho e poder, responde pela transcendência e representa a qualidade de ser humano (verbo).

Sobre ética, comportamento e transdisciplinaridade

Observando atentamente a história da humanidade, conclui-se que novos meios de sobrevivência e de transcendência fazem que valores mudem. Entretanto, a integridade do triângulo primordial só poderá ser mantida com a ética primordial:

- Respeito pelo outro com todas as diferenças.
- Solidariedade para com o outro com todas as diferenças.
- Cooperação com o outro com todas as diferenças.

Esses são valores permanentes, sem os quais a vida não pode ter continuidade. A busca dessa ética maior tem sido a motivação dos grandes modelos filosóficos, religiosos e científicos.

Lamentavelmente, as respostas têm sido dadas por modelos filosóficos, religiosos e científicos mediante propostas de "verdades" que devem ser aceitas como absolutas e constituem sistemas de valores a que se submetem aqueles que aderem aos seus respectivos modelos.

A história mostra-nos que a prioridade passa então a ser a defesa da verdade de grupos de aderentes. A questão fundamental – sobrevivência associada à transcendência – subordina-se à defesa do sistema de valores, que apoia essas "verdades", que são apresentadas como saberes concluídos, não sujeitos a contestações e a críticas – atitude que chamamos de fundamentalismo.

O conhecimento disciplinar tem priorizado a defesa de saberes concluídos, inibindo a criação de novos saberes e determinando um modelo de comportamento social subordinado a eles.

Particularmente prejudicial para a evolução da humanidade tem sido a maneira como o poder expropriou as religiões derivadas do judaísmo e a ciência que delas resultou, criando mecanismos para desencorajar o surgimento de novas ideias. A academia, assim como a igreja, tem utilizado mecanismos brutais de marginalização e exclusão, tais como recusa a emprego, empecilho a publicação, bloqueio a facilidades de pesquisa, difusão de rumores, ameaças de punição ou de recompensas eternas e outras tantas estratégias para desencorajar o novo pensar. Há inúmeros exemplos desse tipo de ação. O cientista Brian Martin tem se dedicado a discutir a resistência ao novo. Seu trabalho "Strategies for dissenting scientists" (1998) traz excelente bibliografia sobre o assunto.

A transdisciplinaridade rejeita a arrogância do saber concluído e das verdades absolutas convencionadas e propõe a humildade da busca permanente.

Como já vimos, o comportamento humano responde às pulsões de sobrevivência e transcendência, que estão intimamente ligadas. Vai além do comportamento orientado pelo cérebro. Existe algo mais: o pensar, que tem intrigado os filósofos desde a Antiguidade, e a consciência, igualmente fascinante. Onde se situam mente e consciência? No cérebro, que vem sendo tão bem estudado pelos neurologistas? Ou no que se costuma chamar de inteligência, hoje bem estudada no âmbito de uma disciplina que se denomina inteligência artificial? "Cérebro", "mente", "pensamento", "inteligência" e "consciência" são alguns dos termos usados para escapar do dualismo corpo/mente. O neurofisiologista William H. Calvin estuda muito bem a evolução dessas várias denominações no livro *How brains think – Evolving intelligence, then and now* (1996).

As teorias surgem, são aceitas ou recusadas, algumas marginalizadas e outras refutadas. Certas ideias, aceitas por se desviar pouco das anteriores, tornam-se as novas explicações e encontram espaço nas universidades. Essa é, em essência, a explicação da evolução do conhecimento proposta por Karl Popper. Outras ideias desviam-se dos chamados paradigmas e criam novos padrões, que é a explicação dada por Thomas Kuhn sobre as revoluções do conhecimento. Ambos reconhecem que ideias novas repousam sobre "ombros de gigante" e por isso encontram um lugar cômodo na universidade, estando seus modelos de evolução/revolução apoiados numa certa mesmice. Apoiam-se no mesmo modelo de raciocínio lógico e analítico, na mesma linguagem, nos mesmos modelos de representação, na mesma cosmovisão, nos mesmos critérios de reconhecimento.

No século XVII, com Galileu Galilei (1564-1642), Francis Bacon (1561-1626) e René Descartes (1596-1650), foram criadas as bases conceituais sobre as quais Isaac Newton (1642-1726) produziu seu trabalho monumental, os *Principia*, que explicava certos fenômenos naturais e foi rapidamente ampliado para explicar o comportamento humano. Esse sistema de explicações repousa sobre uma matemática muito elaborada, principalmente o cálculo diferencial, que se estabeleceu como a linguagem por excelência do paradigma científico. Simultânea e independentemente de Newton, o alemão Gottfried Wilhelm Leibniz (1646-1716) propôs uma versão do cálculo diferencial. Ambas as versões são baseadas na noção de infinitésimo.

Hoje, concorda-se que os métodos científicos e matemáticos são insuficientes para explicar o comportamento humano – a ponto de o matemático Keith Devlin propor, em 1997, uma "matemática mole" (*soft mathematics*), argumentando: "Duvido que haverá muito, talvez nenhum, alcance para a aplicabilidade da matemática que existe hoje".

A insuficiência da matemática clássica é uma evidência de novas possibilidades de observação e de novos instrumentos intelectuais de análise. Essas possibilidades requerem um conhecimento mais amplo. É óbvio que novos modos de pensar, particularmente na matemática, não rejeitarão os modos anteriores – e recorro ao conceito de pli, proposto por René Thom, para afirmar que o conhecimento é cumulativo ao longo da história. Isso se aplica também ao reconhecimento de outros modos de pensar e de outras visões da natureza do mundo mental, físico e social, que são parte de "outras" maneiras de formular e organizar conhecimento. Refiro-me especificamente a culturas tradicionais, que foram subordinadas e marginalizadas, algumas até excluídas, no processo de dominação colonial. Daí a importância que atribuo ao programa etnomatemática.

O maior equívoco da filosofia ocidental tem sido considerar o homem um corpo mais uma mente, separando o que sentimos do que somos. O conhecimento tem focalizado corpo e mente, muitas vezes privilegiando um em detrimento do outro.

- Penso, logo existo? Não.
- Existo porque respiro, bebo, como, excreto, intuo, choro, rio e penso.

Faço tudo isso porque sou, ao mesmo tempo, sensorial, intuitivo, emocional e racional. Penso porque sou racional. A íntima relação e interdependência das características do ser humano (substantivo), respirar e outras necessidades fisiológicas e de ser humano (verbo) são questões fundamentais para entender a humanidade.

A proposta da transdisciplinaridade procura responder ao "como?" e ao "por quê?" dessas diferenças. Outras maneiras de propor a transdisciplinaridade têm surgido de muitas áreas do conhecimento. A visão holística, a complexidade ou pensamento complexo, as teorias da consciência, as ciências da mente, a inteligência artificial e inúmeras outras propostas transdisciplinares vêm sendo elaboradas e tornando-se conhecidas.

À guisa de conclusão

Sintetizei as bases teóricas sobre as quais repousa minha visão de educação. É inegável a urgência de uma nova educação, baseada em uma ética de respeito, solidariedade e cooperação para o convívio respeitoso, harmonioso e produtivo de várias culturas. A questão de distribuição dos recursos naturais é essencial para que a humanidade atinja a paz. Os recursos disponíveis na natureza são limitados e o modelo de distribuição de bens e recursos, injusto – resultando em conflitos sociais incontroláveis e em guerras que podem causar destruição incalculável. Ainda mais grave é a paulatina degradação ambiental, com visíveis perturbações do equilíbrio planetário. As perturbações do equilíbrio ambiental começaram com o advento da agricultura. Mas passaram a um ritmo acelerado e muito marcante no século XVIII, com a invenção do motor a vapor, por James Watt (1748), e da intensa utilização de combustíveis fósseis, particularmente o petróleo, no século XX. A industrialização e suas ramificações são algumas das maiores responsáveis pelo impacto global no clima da Terra e no desequilíbrio dos ecossistemas. Nossa missão, como educadores, é conscientizar a população, particularmente as novas gerações, para o fato de que o curso atual de desenvolvimento, visando à ampliação do parque industrial e à posse e ao acúmulo de bens materiais, é insustentável.

O conceito de progresso deve ser revisto. Esse é o caminho para a paz nas suas quatro dimensões: interior, social, ambiental e militar. Sem atingir a paz nas suas múltiplas dimensões, dificilmente a civilização moderna sobreviverá.

Referências bibliográficas

Aster, M. *A orquestra do Reich – A filarmônica de Berlim e o nacional socialismo, 1933-1945*. São Paulo: Perspectiva, 2012.

Calvin, W. H. *How brains think – Evolving intelligence, then and now*. Nova York: Basic Books, 1996.

D'Ambrosio, U. *Da realidade à ação*. São Paulo: Summus, 1988.

_____. *Etnomatemática – Arte ou técnica de explicar e entender*. São Paulo: Ática, 1990.

_____. *Etnomatemática – Elo entre tradições e modernidade*. Belo Horizonte: Autêntica, 2001.

_____. *Educação para uma sociedade em transição*. 2. ed. revista e ampliada. Natal: Editora da UFRN, 2011.

Devlin, K. *Goodbye, Descartes. The end of logic and the search for a new cosmology of the mind*. Nova York: John Wiley & Sons, 1997.

Gopnik, A. *The philosophical baby: what children's minds tell us about truth, love, and the meaning of life*. Nova York: Picador, 2009.

Kenneally, C. *The first word: the search for the origin of language*. Nova York: Viking, 2007.

Lloyd, G. E. R. *Disciplines in the making cross-cultural perspectives on elites, learning, and innovation*. Nova York: Oxford University Press, 2009.

Martin, B. "Strategies for dissenting scientists". *Journal of Scientific Exploration*, n. 4, v. 12, 1998, p. 605-16.

Maturana, H.; Varela, F. *A árvore do conhecimento: as bases biológicas da compreensão humana*. São Paulo: Palas Athena, 2010.

MIGLIORI, R. *Neurociências e educação*. São Paulo: Brasil Sustentável, 2013.

SIMPSON, G. G. *The dechronization of Sam Magruder: a novel*. Nova York: St. Martin's Press, 1997. [*A descronização de Sam Magruder*. São Paulo: Peirópolis, 1997.]

THOM, R. *Stabilité structurelle et morphogenèse*. Reading: Benjamin, 1972.

UNAMUNO, M. de. *San Manuel Bueno, mártir*, 1930 (várias edições).

WEIL, P.; D'AMBROSIO, U.; CREMA, R. *Rumo à nova transdisciplinaridade*. São Paulo: Summus, 1993.

WU, W. "Vygostsky and Lenin on learning: the parallel structures of individual and social development". Science & Society, v. 71, n. 3, jul. 2007, p. 273-98.

# PARTE II
Pontuando e contrapondo

Nílson José Machado
Ubiratan D'Ambrosio

Nílson: Em suas considerações iniciais sobre o significado da educação, são contrapostas duas dimensões da ação docente: a do educador, que usa as disciplinas em busca de objetivos maiores da educação, como uma formação pessoal densa, e a do professor, que teria objetivos menores, ainda que importantes, como seriam, segundo suas palavras, "professar, doutrinando e inculcando comportamentos".

Apesar de entender as motivações de tal contraposição e de partilhar as preocupações que conduziram a elas, considero que tal distinção pode conduzir a conceituações simplificadas, diminuindo o significado e a dignidade da palavra "professor". Se ocorrem desvios semânticos em tal palavra, talvez fosse preferível alertar para tal fato e corrigir os desvios, em vez de assumi-los como regra geral e esvaziar o sentido do termo. Talvez seja necessário dar destaque às duas dimensões fundamentais da ação docente – conduzir (*ducere*) o aluno e inseri-lo em um quadro social que já está dado e, ao mesmo tempo, dar a palavra ao aluno e extrair dele (*educere*) elementos para a transformação da realidade, para a construção de novos caminhos a ser percorridos. No primeiro caso, temos a dimensão conservadora da educação; no segundo, a dimensão transformadora.

Em sintonia com o que você afirma, a transformação parece ter muito mais atrativos do que a conservação, mas, na verdade, conservar e transformar são igualmente importantes na ação docente. Em ambos os casos, é responsabilidade do professor professar, inspirar projetos, disseminar valores, tendo em vista os objetivos maiores da educação. De minha parte, considero que nenhuma outra caracterização de minha ação como docente me parece mais honrosa do que a condição de "professor". Você concorda com isso?

Ubiratan: De pleno acordo, somos professores com o ideal de educadores, e praticamos o *exducere*. Faço isso há cerca de 65 anos e fico muito orgulhoso quando alguém se dirige ou se refere a mim dizendo "meu antigo professor". Ser chamado de professor é uma questão de palavras. O *Dicionário Houaiss da língua portuguesa* (1999) lista quatro acepções para a palavra professor. É interessante conferir. Infelizmente, há muitos chamados professores que praticam o *ducere*. Acho que fica claro no meu texto que é, obviamente, a esses que me refiro quando critico aqueles que veem sua missão como transmissor de um conteúdo pré-decidido por ele ou, geralmente, pelas autoridades que elaboram programas. Esses eu classifico como treinadores. Insistem, chegam a oferecer recompensas ou punições, até que o aluno assimile o conteúdo. Nenhuma preocupação com o aluno como um todo, como ser humano com expectativas e angústias, com questionamentos e curiosidades, com uma imaginação criativa. São esses "condutores", chamados de professores, que critico. Não aqueles, igualmente chamados de professores, dedicados à formação de um ser humano criativo, crítico, consciente de seus deveres e direitos, que aprecie a matemática tanto pela sua beleza quanto pela sua utilidade.

Nílson: O modo como se ensina matemática é tributário do modo como são concebidas as relações entre a matemática e a realidade. Quando se pensam tais relações, é quase impossível não deparar com a bifurcação fundamental que resulta das visões platônica e aristotélica. No primeiro caso, supõe-se que as ideias matemáticas existiriam em um universo atemporal e supraempírico, no qual o matemático faria "descobertas"; no segundo, com base na observação do mundo empírico, a inspiração do matemático levaria à construção de tais ideias. Os construtivismos de diversos matizes conduziram, nas últimas décadas, a uma supervalorização da perspectiva aristotélica; não obstante, alguns dos cientistas mais importantes da modernidade, como René Thom ou Roger Penrose, declaram-se explicitamente platônicos. Em suas considerações sobre a natureza da matemática, vislumbro certa sintonia com a visão aristotélica, o que parece absolutamente natural. A referência a Freudenthal e à sua "matemática realística" parece confirmar isso.

Não obstante tais fatos, considero problemática a redução do significado da matemática ao de mero repertório de instrumentos úteis para a vida prática. Como a poesia, a matemática é meio de expressão, de representação, de significação. Como os contos de fadas, a matemática é fundamental para a construção de referências binárias do tipo V ou F, bem ou mal, cuja "utilidade" é similar à das balizas em um mar de incertezas, em que o certo e o errado, o mocinho e o bandido passeiam de mãos dadas.

O que você diria a quem, ostensivamente, somente reconhece a importância da matemática nas aplicações práticas, no mundo dos fatos, desprezando ou minimizando seu papel na construção de fictos, ou de elementos ficcionais fundamentais para a vida em sentido pleno?

Ubiratan: É óbvio que a matemática, bem como a linguagem, não se justifica apenas por suas aplicações práticas. Isso fica bem claro no meu texto quando falo em artefatos e mentefatos e quando introduzo o conceito de etnomatemática – referindo-me, explicitamente, à arte ou técnica *tica* para explicar, conhecer, lidar com *matemá* no contexto *etno*. O contexto é parte da realidade, que, como destaco a partir da Figura 1, compreende fatos e fenômenos da natureza, mas também aqueles criados pelo homem e mesmo por outras espécies vivas (por exemplo, uma colmeia), e também do sociocultural, do emocional e do imaginado e das representações que o indivíduo faz dessa realidade. O "lidar com" não está dissociado do "explicar", do "conhecer". Aí estão contempladas, obviamente, as posições aristotélica e platônica. Uma das críticas que faço ao pensamento moderno é a dicotomia entre essas posições, como também as dicotomias entre o saber e o fazer. O fazer não pode se esgotar no produto, num artefato: exige um saber que explica esse fazer e dá sentido ao produto. Assim como o saber, como mentefato, deve resultar em algo, em um artefato. Ao fazer uma cruz, o significado desse artefato não pode estar desligado do seu simbolismo, o mentefato. A grande dicotomia entre o fazer e o saber surgiu no início do século XX, quando a indústria automobilística, principalmente Henry Ford, adotou o modelo de produção em série (linha de montagem), proposto pelo engenheiro Frederick Taylor. Isso representou a grande mudança conceitual de dissociar o artefato do mentefato. O operário faz sem saber o que está sendo feito. Isso foi muito bem ilustrado por Chaplin em *Tempos modernos*. A influência na educação é evidente. A educação não pode se limitar a ensinar matemática para uma aplicação ou uma explicação (um fazer), mas deve sempre dar o sentido a essa aplicação ou explicação (que é um saber). O objetivo e a motivação para a aplicação ou para a explicação vêm da realidade no sentido amplo, o que inclui necessidades concretas, materiais, ou necessidades do imaginário, do emocional, como uma prece ou a apreciação de um quadro ou de um poema. A realidade é ampla e não pode priorizar o material sobre o emocional e o imaginário. É tão válido buscar explicações e interpretações e novas criações num conto de fadas quanto desenvolver uma nova técnica para erguer um muro ou escolher uma melhor aplicação de sua poupança. Claro, aproveitar o momento do ensino de matemática para distinguir o que deve ou não deve, o mocinho do bandido é uma das missões do professor de matemática que for mais que um treinador, que for um educador, dedicado à formação de um ser humano criativo, crítico, consciente de seus deveres e direitos, distinguindo o que é socialmente aceitável do que é inaceitável. Essa é a importância da ética, que discuto já no início do meu texto.

Nílson: Sua crítica à fragmentação excessiva do conhecimento em múltiplas disciplinas é bastante pertinente, dela decorrendo um elogio justo da transdisciplinaridade. Entretanto, não sei se entendi bem sua afirmação de que "o conhecimento disciplinar tem priorizado a defesa de saberes concluídos, inibindo a criação de novos saberes e determinando um modelo de comportamento social subordinado a eles".

O foco do problema a ser enfrentado, parece-me, é a multiplicação de disciplinas e as parcas interações entre elas. O professor de matemática precisa dialogar com o de física, ambos devem relacionar-se com o de história, e assim por diante. Ao mesmo tempo, o movimento de especialização crescente, em que disciplinas vão sendo criadas no interior das já existentes, não pode ser proibido por decreto, mas equilibrado pela busca permanente de uma perspectiva sistêmica, por uma visão transdisciplinar de conjunto. A meu ver, não se trataria de combater ou eliminar as disciplinas, mas de articulá-las horizontalmente, enriquecendo as relações com as outras, e verticalmente, congregando-as em torno de objetos e temas maiores, como a vida, o ser humano e os valores partilhados, por exemplo.

Uma forma de enfrentar a fragmentação do conhecimento tem sido o agrupamento das disciplinas em áreas – quatro grandes áreas, no ensino médio –, mas tal iniciativa encontra resistências e não se consolidou nos diversos sistemas de ensino. O que você acha da seguinte forma alternativa de favorecer a interdisciplinaridade e a transdisciplinaridade: em vez de combater a ideia de disciplina, trabalhar os conteúdos disciplinares mantendo o foco nas ideias fundamentais de cada tema? Tais ideias seriam naturalmente articuladoras dos diversos conteúdos no interior de cada disciplina e, ao mesmo tempo, promotoras da integração das diversas disciplinas. Uma ideia como a de energia, por exemplo, pode servir de fio condutor para organizar a disciplina física, e também para aproximar tal disciplina da química, da biologia, da geografia...

Ubiratan: Para introduzir a transdisciplinaridade, comparo o conhecimento disciplinar a uma gaiola. O conhecimento acadêmico oriundo das disciplinas implica maneiras de ver o mundo, de interpretar fatos e fenômenos e de agir de maneira "engaiolada" por métodos e resultados bem definidos e rigorosamente organizados para lidar com questões bem específicas. Metaforicamente, seria como pássaros vivendo em uma gaiola. Eles se alimentam do que está na gaiola, voam só naquele espaço, só veem e sentem o que as grades permitem. Falam a mesma linguagem, formalizada pelos habitantes da gaiola. Assim se comunicam e se entendem. Mas não se comunicam com quem está fora dela nem o entendem. Nem podem saber de que cor a gaiola é pintada por fora. Entre os cientistas, pode-se passar algo semelhante. Eles se comunicam por um código linguístico próprio, como um jargão acadêmico, que quase sempre é um empecilho para a comunicação com os que estão fora daquele meio. Isso é muito sério com a matemática. O "matematiquês" afasta a matemática das práticas, das necessidades e até mesmo da beleza do cotidiano. Isso foi muito bem colocado pelo eminente matemático David Hilbert quando pronunciou, no Congresso Internacional de Matemáticos de 1900, em Paris, a célebre conferência em que formulou 23 problemas abertos da matemática e que deveriam pautar o desenvolvimento da área no século XX, como de fato aconteceu. Logo no início da conferência, Hilbert disse: "Uma teoria matemática não pode ser considerada completa enquanto não for possível torná-la tão clara a ponto de poder ser explicada ao primeiro homem que se encontre na rua". Acho que não há nada mais explícito sobre a importância de sair da gaiola. Uma alternativa ao conhecimento disciplinar é a multidisciplinaridade, que resulta da justaposição de gaiolas epistemológicas sem que se passe de uma a outra. Esse é o modelo praticado nas chamadas grades curriculares das escolas: das 8h às 9h, o aluno/pássaro voa na gaiola "matemática". Toca o sinal, começa outra aula, com outros cadernos e livros, outro professor, e das 9h às 10h o aluno/pássaro voa na gaiola "geografia"; das 10h às 11h, na gaiola "arte"... E assim vive seu dia escolar: sempre engaiolado! Um grande avanço foi o conhecimento interdisciplinar, quando as portas entre as gaiolas são abertas e o professor/pássaro, e também o aluno, podem passar de uma gaiola à outra. Assim, o professor de matemática dialoga com o de física e o de biologia, ambos se relacionam com o de história, e assim por diante. As disciplinas são continuamente modificadas e ampliadas no interior das suas gaiolas. O passar livremente de uma gaiola à outra, característico do modelo interdisciplinar, leva a um viveiro – uma gaiola maior. O conhecimento interdisciplinar é também engaiolado: distingue-se muito bem o que é biofísica, como se nada tivesse a ver com meteorologia. E os métodos das interdisciplinas são também específicos, engaiolados. A transdisciplinaridade é, metaforicamente, o abandono das grades epistemológicas que limitam o voar/pensar. O grande objetivo da transdisciplinaridade na escola é permitir criatividade plena, indo além das epistemologias e das metodologias.

A transdisciplinaridade tem afinidade com a complexidade, ou pensamento complexo, cujo objetivo é o apoio a um comportamento que não esteja separado do viver. O pensamento complexo possibilita outra maneira de estar no mundo. Além do entender e explicar fatos e fenômenos da realidade, o indivíduo deve saber ver, saber esperar, saber conversar, saber amar, saber abraçar. Esses saberes implicam comportamentos. O abraço inicia-se a partir da mão estendida, que é o ponto de partida para o processo de busca da espiritualidade por meio do encontro com o outro. Promover esses comportamentos também é responsabilidade do professor de matemática. Nossa missão é educar um ser humano pleno, racional, mas também emocional.

Nesses comportamentos está implícito um sistema de valores. Vivenciá-lo no cotidiano é o código de conduta que pode redimir o ser humano.

Esse vivenciar implica, muitas vezes, desobediência a ordens e normas de conduta. Cumprir ordens em conflito com princípios éticos não pode ser um código de conduta.

Alguns indivíduos sentem-se encorajados a essa desobediência numa ação de grupo. São transgressões que, mesmo sujeitas à repressão, deflagram os grandes movimentos sociais. Outros, mesmo sem estar amparados por alguma forma de poder e, às vezes, até contrariando a autoridade, têm a coragem de agir sós, fazendo valer o maior dom de ser humano: o exercício de sua livre vontade.

A conduta que pode conduzir o ser humano à redenção resulta de atingir o estado de consciência, quando conhecimento e comportamento estão solidários. A transdisciplinaridade focaliza a solidariedade do saber e fazer.

Nílson: A etnomatemática é uma interessante concepção, de sua lavra. Você propõe que

> o que chamamos simplesmente matemática (ou matemática acadêmica/matemática escolar) é uma etnomatemática que se originou na bacia do Mediterrâneo, principalmente da Grécia, como os modos, maneiras, técnicas e artes de aprender, explicar, conhecer, lidar e conviver com a realidade natural e sociocultural daquele povo.

Se bem entendi, o conceito geral seria o de etnomatemática; a matemática grega seria apenas uma de suas contextuações. De modo geral, no entanto, as etnociências, ou etnometodologias científicas, são consideradas formas particulares de realização da ciência ou da metodologia em sentido amplo. A riqueza e a generalidade da ideia de *mathemá* são muito bem exploradas em seu texto, e também por Lacan, com o par conceitual matema/alíngua, em que o primeiro elemento representaria as balizas, as regularidades que nos orientariam no mar de diversidade absoluta representada pela ideia de "alíngua". Entretanto, o prefixo *etno*, que se antepõe a *mathemá*, não sugeriria uma particularização da etnomatemática, como uma matemática contextuada, derivando-se uma multiplicidade de "etnomatemáticas" a partir de uma matemática única, platônica, fundadora?

Ubiratan: É importante notar que o programa etnomatemática é um programa de pesquisa sobre conhecimento, uma proposta de teoria de conhecimento. Ele permite entender o que é a matemática como disciplina, bem como as disciplinas correspondentes em outros sistemas culturais. Explica melhor como se estabeleceu, a partir do etno Mediterrâneo, a matemática acadêmica, que é uma organização formal, abstrata e *sui generis*, de ideias inspiradas nas práticas que constituíam o cotidiano grego, seus mitos, cultos e rituais, sua arquitetura, sua poesia, seu teatro. A população da Grécia, responsável por essas realizações, até hoje admiradas e influentes, era de centenas de milhares de indivíduos fazendo e, obviamente, sabendo e refletindo e teorizando, porém geralmente anônimos, fora e distantes das célebres academias, o povo. Os historiadores da matemática e das ciências concordam que há pouco mais de uma centena de acadêmicos, membros das várias academias, cujos nomes ficaram registrados. O mesmo se dá em todas as civilizações e em todos os tempos. O povo, constituído de indivíduos anônimos na academia, forma o que muitos historiadores chamam de "sociedade invisível". Entender o fazer e o saber da sociedade invisível é uma forte tendência historiográfica, característica do programa etnomatemática. Esses indivíduos, que David Hilbert classificou como "primeiro homem que se encontre na rua", são responsáveis por um importante fator estimulante que inspira o fazer acadêmico. Claro, o avanço da matemática se dá por muitos estímulos internos à gaiola. São estímulos importantes o imaginário e a busca do belo; este não é apenas visual, como nas artes plásticas, mas também formal, abstrato, como a poesia e, naturalmente, a matemática. Vale lembrar que o desenvolvimento da matemática na antiguidade da Índia está intimamente ligado à poética do sânscrito. Tudo isso dentro da gaiola. De certo modo, o conceito de gaiola está ligado ao que chamamos em história de "internalismo". Mas é igualmente, ou talvez mais importante, reconhecer que há grande motivação, inspiração para o desenvolvimento da matemática em fatores externos à gaiola, tanto do cotidiano, do material, quanto do imaginário, inclusive do espiritual, do abstrato, da satisfação das necessidades de transcendência. O conceito de perceber motivações de fora da gaiola está ligado ao que costuma ser chamado de "externalismo". O programa etnomatemática utiliza essa mesma metodologia para entender e explicar as diversas formas de conhecimento e as disciplinas não só de natureza matemática – isto é, que focalizam estratégias de contagem e de medição, práticas e teóricas –, mas de todas as demais áreas de conhecimento. Nele, essas considerações não se limitam ao contexto social e cultural do mundo grego, mas de todas as outras culturas e civilizações. Claro que esse é, assim, um enfoque sobre história e filosofia da matemática acadêmica.

A etnomatemática tem muitas implicações na educação. O que poderíamos chamar de uma pedagogia etnomatemática parte do fato de que o aluno tem como bagagem motivacional o que vem de fora da gaiola, onde ele passa cerca de 90% de sua vida. A metáfora da gaiola parece-me muito adequada. Ele entra na escola, onde passa apenas 10% de seu tempo, como se estivesse entrando numa gaiola, subordinado às grades curriculares. O desafio do professor é fazer uma ponte, realizar a transição entre esses dois universos do aluno: o de dentro da gaiola e o do cotidiano e imaginário, de fora da gaiola. Naturalmente, as atitudes platônicas, assim como uma atitude aristotélica, estão presentes em ambos os ambientes.

Esse programa vê as dicotomias entre o platônico e o aristotélico – assim como entre o saber e o fazer, a teoria e a prática, o racionalismo e o empirismo – como falsas, reconhecendo que essas posições são complementares. Entre os filósofos gregos, o programa etnomatemática sente-se mais próximo à atitude arquimediana, que tanto influenciou a civilização romana e a ciência moderna.

É importante notar, como consideração final, que em nenhum momento de minha fala proponho a eliminação das gaiolas. As disciplinas, sobretudo a matemática, são estratégias da maior importância para sobreviver e transcender. O essencial na metáfora das gaiolas epistemológicas é que as portas se mantenham abertas. Como na natureza, para construir seu ninho, em geral situado num encontro de galhos, o pássaro vai buscar o material necessário fora da árvore. Na árvore, não vai encontrar tudo o que é necessário para fazer o ninho e alimentar seus filhotes. Assim é o avanço do conhecimento, em particular o da matemática.

Os comentários sobre a situação crítica em que se encontra o ensino da matemática tocam no cerne da questão: "De modo geral, o ensino de Matemática nas escolas básicas vai mal". É inegável. Uma possível causa dessa situação é a frieza da disciplina, excessivamente formal, e seu distanciamento de problemas reais.

Mas não é menos verdade que o ensino das outras disciplinas, sobretudo as ciências, também vai mal. Ao mesmo tempo, reconhece-se a interdisciplinaridade como uma tendência internacional.

Uma possibilidade de reverter essa situação seria adotar o método de projetos no ensino da matemática. Ao mesmo tempo, este abre muitas possibilidades de praticar a interdisciplinaridade. O que você acha dessa reflexão?

Nílson: Concordamos com relação ao fato de que o excesso de formalismo pode ser uma das causas da má qualidade do ensino de matemática, mas é preciso certa cautela quanto às restrições ao distanciamento da realidade. Precisamos do fato tanto quanto da ficção. A aula, a meu ver, deve assemelhar-se ao voo de um avião: após taxiar, que é uma preparação para o voo, vem a decolagem, o distanciamento do chão. Precisamos nos afastar dele para ter uma visão mais abrangente da realidade. Precisamos de teoria, palavra de origem grega que quer dizer "visão". Abstrair não é pecado, é condição de possibilidade do conhecimento em todas as áreas. Naturalmente, o voo só se completa com uma aterrissagem suave; é preciso voltar a pôr os pés no chão.

Concordamos também quanto ao fato de que a excessiva fragmentação disciplinar é um grande problema para o bom desenvolvimento do ensino. Promover a interdisciplinaridade, entendida como o enriquecimento das interações entre as diversas disciplinas, é fundamental, assim como o é a valorização de uma perspectiva transdisciplinar, com a consideração de objetos e de temas mais amplos do que os estritamente disciplinares. Não podemos, no entanto, associar tais ações a um pleito pelo fim das disciplinas. A escola sempre foi – e até onde entendo, acho que continuará sendo – um espaço disciplinarmente organizado, em múltiplos sentidos.

Quanto à metodologia dos projetos como meio para o enfrentamento dos problemas com o ensino da matemática – e de outras disciplinas – e a promoção da inter e transdisciplinaridade, considero tal recurso muito interessante, sem dúvida desejável. Não se trata, no entanto, da substituição de aulas por projetos, mas da criação de outros espaços para a construção do conhecimento além do espaço aula. Considero este o mais importante da escola, em todos os níveis, mas, cada vez mais, triste é a escola cuja única atividade de ensino se dá no espaço aula. As aulas são fundamentais para a exploração de interesses prévios; é preciso criar outros espaços de criação de interesses. Alunos naturalmente interessados nos conteúdos curriculares das diversas disciplinas existem, mas são raros. Em geral, a criação de centros de interesse se dá em espaços mais amplos do que os das aulas. Uma possibilidade muito fecunda, por exemplo, são os projetos, que envolvem objetivos bem delimitados, escolhidos em um cenário de valores, podendo envolver diferentes disciplinas, trabalho em equipe, espaço para iniciativas pessoais, abertura tanto para o sucesso quanto para o fracasso. A metodologia do trabalho com projetos é muito interessante, reitero, mas não se realiza um projeto integralmente no interior da sala de aula.

Ubiratan: Trazer Polanyi à discussão é fundamental. De fato, isso está muito ligado à metáfora do balde, muitíssimo pertinente. Achei interessante o exemplo do atleta. Temos alunos que são verdadeiros "atletas matemáticos". Mostram criatividade na resolução de problemas e ao lidar com situações desafiadoras, mas não são capazes de transformar suas soluções em linguagem formal, sendo penalizados por isso. Dando mais voz ao aluno, poderíamos acompanhar seu raciocínio e depois ajudá-lo a organizar suas ideias segundo a "gramática" da matemática. Porém, muitas vezes, partindo da manipulação dessa gramática, o aluno não chega a soluções de problemas e a lidar com situações novas. Fracassa e vai mal nas provas. Mas na sua "gramática espontânea" se sairia muito bem. Vejo como boas estratégias de ensino dar ao aluno problemas e questões desafiadoras e sugerir a ele "que se vire" para resolvê-los. Ele vai utilizar o que sabe, seu *personal knowledge* e suas experiências anteriores. Posteriormente, poderá, com auxílio do professor, colocar seu raciocínio em termos da "gramática da matemática".

Gostaria de ter sua opinião sobre a proposta de dar voz ao aluno no seu fazer matemático – pedir ao aluno que faça uma descrição de seu raciocínio.

Nílson: As ideias de Polanyi são, realmente, seminais, contrapondo a pessoalidade do conhecimento a uma pretensa objetividade, expressa com todas as letras na perspectiva de Popper. Parece-me absolutamente incompreensível o fato de seu principal livro, *Personal knowledge* (1957/1969), nunca ter merecido uma edição entre nós, enquanto a obra de Popper com escopo similar, *Objective knowledge* (1972/1975), circula amplamente, em diversas edições em português. Ao menos o pequeno e precioso livro que sintetiza o pensamento de Polanyi, *The tacit dimension* (1961), já poderia ter sido publicado entre nós.

Em ambas as obras, sobressai a imagem metafórica do iceberg como representação do conhecimento, destacando a permanente necessidade de equilibrar e articular o conhecimento tácito – o que sei mas não encontro palavras para expressar – e o explícito

– que consigo codificar em diferentes linguagens e comunicar aos outros. Ninguém consegue explicitar tudo o que sabe: quanto mais aumenta a capacidade de expressão, mais cresce a base do iceberg, ou seja, mais aumenta nossa capacidade de percepção.

A atividade didática na escola muitas vezes se resume, de modo caricato, a uma simples interação entre os conhecimentos explícitos de professores e alunos. Como já foi dito, todos sabemos muito mais do que conseguimos expressar e buscamos na escola desenvolver a capacidade de compreensão e expressão do que se sabe, criando novas formas de explicitação em diferentes linguagens. Acho muito importante sua observação: as atividades de ensino precisariam estar mais atentas ao que você sugere, ou seja, ao fomento e à valorização de iniciativas de expressão pessoal dos alunos. É fundamental aprender a fazer falando, tanto quanto aprender a falar fazendo. Naturalmente, não se pode iniciar pela utilização de uma linguagem técnica ou formal, como você bem registra. Pressupõe-se a utilização, por parte de professores e alunos, de uma linguagem híbrida, um misto da linguagem cotidiana e científica, incluído aí o simbolismo da matemática.

Também pode ser associada a Polanyi a valorização da percepção como primeiro momento do conhecimento. Como se sabe, na perspectiva popperiana, a percepção situa-se fora do espaço do conhecimento: sua epistemologia concentra-se nos critérios para corroboração ou refutação de teorias, sem se interessar pelos *insights*, pelas percepções "brutas", digamos assim, que conduziram à formulação das teorias. Ter como pressuposição que tudo começa com a percepção, que o que não é percebido não faz sentido, guarda uma sintonia fina com a visão de Polanyi. Talvez seja o caso de levar mais a sério a máxima de Berkeley: "Ser é ser percebido..."

Ubiratan: A discussão sobre universidades corporativas é muito pertinente e serve de base para refletir sobre duas grandes vertentes de ensino: treinar (transmissão de técnicas para tarefas específicas) e educar (estimular o desenvolvimento de criatividade e de cidadania, como ação produtiva integrada na sociedade). É legítimo que universidades e até escolas de treinamento existam. Assim também aceito os treinamentos oferecidos por cursinhos para passar em vestibular ou em concursos, bem como treinamento para competir nas olimpíadas de matemática, para participar da equipe de vôlei da escola, para aprender a tocar instrumentos a fim de participar da orquestra da escola. Precisamos ter bons matemáticos e as olimpíadas são estimulantes e selecionadoras, como também precisamos ter equipes competitivas de vôlei e os times das escolas e as competições cumprem esse papel; precisamos ter bons músicos e boas orquestras e as aulas de música são importantes. Mas os treinamentos específicos são atividades inseridas na programação para alguns alunos e não para todos. Não significam educação no sentido amplo. Insisto que educação é estimular criatividade – nas manifestações mais variadas – e preparar para a cidadania – transmitindo valores e comportamentos próprios à sociedade. Não há como negar que há alunos com mais motivação, mais vocação ou pendor para certa disciplina ou atividade. Mas não há nada que justifique que "ir bem em matemática" para quem é motivado e tem vocação para matemática signifique que esse é um indivíduo intelectualmente mais dotado e superior àqueles que vão bem, têm motivação e vocação para o vôlei ou para a música, mas vão mal em matemática. A valorização de qualquer disciplina em detrimento das demais implica que o aluno que não é motivado ou não tem vocação para essa disciplina sofre um tipo de humilhação (uma forma de *bullying*), o que anula sua criatividade por completo. Lembro que, quando era membro do Conselho Estadual de Educação, recebia um grande número de processos em que pais indignados reclamavam contra a reprovação do filho porque estava mal em geografia ou em português, mas ia bem em matemática. O argumento: "Isso é um absurdo, pois meu filho tirou dez em matemática". Esse tipo de valorização de uma disciplina perante outras é absurdo.

Gostaria de ter sua opinião sobre os aspectos de ensino para transmissão de técnicas – dominante até agora – e sobre a distorção no treinar para ter sucesso em uma disciplina, sobretudo na matemática.

Nílson: Rigorosamente, a expressão "universidade corporativa" é contraditória, na mesma medida que "conhecimento científico" é um pleonasmo. Apesar disso, ambas são utilizadas, sendo preciso compreender seus usos. "Ciência", em latim, é conhecimento; "conhecimento científico", no entanto, deixou de ser mera reiteração de ideias e passou a significar um modo particular de conhecer, fundamentado na experimentação, e distinto, por exemplo, daquele que pode ser associado à arte ou à religião. O enorme prestígio da ciência não pode, no entanto, eliminar a importância de outras vias de acesso ao saber.

No caso da "universidade corporativa", o problema é que a ideia de universidade traz entranhada em si a noção de universalidade de saberes, de abertura e enraizamento na cultura em sentido amplo. Até o advento da ciência moderna, sobretudo do século XVII em diante, as universidades eram guardiãs da cultura, das artes, do pensamento filosófico. Os primeiros cursos superiores de formação profissional surgiram a partir do século XVIII, sobretudo na segunda metade, e no início do século XIX. A Escola Politécnica, na França, é um exemplo notável. O primeiro curso de formação de médicos surgiu em torno de 1820. No Brasil, com a vinda da Família Real (D. João VI), em 1808, a criação dos primeiros cursos superiores de formação profissional (faculdades de Direito) ocorreu quase na mesma época. De lá para cá, a formação profissional aumentou proporcionalmente a importância na distribuição de tarefas da universidade. Prevalece, no entanto, ainda hoje, a ideia de que, para ser denominada "universidade", a instituição precisa oferecer cursos nas diversas áreas do conhecimento, não podendo ser especializada.

É nesse sentido que "universidade corporativa" é uma expressão contraditória. Como se sabe, o corporativismo é um desvio semântico da noção de profissionalismo. Um profissional apresenta determinada competência técnica, que põe à disposição do público, com o qual tem um compromisso relativo aos projetos e aos valores socialmente acordados. Naturalmente, tal compromisso tem como contrapartida uma regulamentação da profissão, que significa, em certa medida, uma reserva de mercado, ao mesmo tempo que se fundamenta na autorregulação do exercício profissional, que não pode ficar vulnerável aos ditames do Estado ou às leis do mercado. Ter compromisso apenas com seus pares, e não com a sociedade inteira, é o desvio do corporativismo.

No caso das universidades corporativas, entendemos seu uso – e consideramos oportuna sua existência – no sentido de favorecer uma aproximação necessária entre os mundos do conhecimento e do trabalho, uma vez que o conhecimento de fato se transformou no principal fator de produção. Elas se colocam também – e de modo natural – em sintonia com a ideia de que a formação continuada, permanente, é regra geral. Nenhum curso de formação profissional prepara definitivamente os alunos para a vida no mundo do trabalho: toda formação é inicial, a ser incrementada continuamente por meio de certa "acoplagem" ao mundo do trabalho, que só pode ser parcialmente realizada nas universidades em sentido estrito.

No que tange à matemática e a seu ensino, a interface com a área de tecnologia é muito fecunda. Não podemos preparar os alunos sempre recorrendo aos equipamentos mais modernos, mais sofisticados – nem isso é necessário. A teoria, no sentido de uma visão que leva a uma efetiva compreensão dos fenômenos e processos, deve ter assento nas aulas da universidade; o contato mais direto com temáticas operacionais específicas pode perfeitamente ser deixado para momentos posteriores, mais articulados com o universo empresarial.

A interação e a convivência produtiva entre universidades em sentido estrito e universidades corporativas parecem-me, então, colaborações naturais e necessárias. A educação de qualidade não pode prescindir disso.

Ubiratan: É interessante que Robert Reich (1996) apareça nas Referências bibliográficas, mas não no texto. Seu livro foi fundamental nas minhas discussões sobre currículo. A ênfase dada desde a Antiguidade até a Idade Moderna, quando as ciências e a Matemática se tornaram essências como conhecimento trivial: o que todos devem saber. Na verdade, incorporou-se ao currículo como forma de linguagem. Os discursos (retórica) incluíam linguagem científica e matemática. É interessante que, desde sua independência, os americanos tenham incorporado números em seu discurso, mas não matemática, como bem notou Alexis de Tocqueville. Somente mais tarde a matemática foi incorporada nas universidades americanas, em resposta à observação de Tocqueville, que afirmava que os americanos sabiam pouquíssima matemática para o novo desenvolvimento (indústria, economia e comércio). O dia a dia do americano comum era dominado por números, mas para avançar no progresso, como conceituado na época, era necessário formar, de modo diferenciado, bons matemáticos. Assim surgiu, após a Guerra Civil, a pesquisa matemática nos Estados Unidos. O Brasil estava mais adiantado a esse respeito, pois já fazia pesquisa, de nível mais avançado, desde a vinda da Família Real. A pesquisa matemática nos Estados Unidos tornou-se a mais desenvolvida do mundo, embora a educação matemática tenha continuado deficiente e inadequada. A ênfase era no *trivium*, modificado para ler-escrever-contar, e a força de trabalho correspondia. A indústria floresceu. Porém, após a Segunda Guerra Mundial, surgiram problemas, pois a força de trabalho não estava preparada para lidar com as novas tecnologias e as novas organizações. Ler-escrever-contar não bastava. Era necessária a preparação de uma força de trabalho para lidar com o simbólico. Essa foi uma tônica da obra de Robert Reich. A leitura do livro inspirou-me a propor um novo *trivium*, no trabalho "Literacy, matheracy, and technocracy: a trivium for today" (1999). Esse *trivium for today* propõe uma educação baseada em instrumentalizar o aluno: *instrumentos comunicativos* (literacy), entre eles ler, escrever, contar; *instrumentos analíticos/simbólicos* (matheracy), que é o trabalho abstrato, que analisa e interpreta fatos, fenômenos, códigos e símbolos com arte e crítica social; *instrumentos tecnológicos* (technoracy), que inclui uma discussão crítica da tecnologia disponível, suas vantagens e desvantagens, seu uso e custo-benefício geral.

Quando se pensa em ensino da matemática, o que se faz em quantificação e medição é puramente comunicativo, enquanto a interpretação da leitura de um problema ou de uma situação é o analítico/simbólico, muito ignorado no ensino. Analisar e interpretar um resultado não fazem parte do processo. É fazer a conta e ver se está certo ou errado. Também a utilização de recursos tecnológicos é praticamente ignorada pelos professores de matemática. Um aluno meu está pesquisando a utilização da sala de informática na escola pública e descobriu que os professores de matemática praticamente não a utilizam.

O que você comenta sobre isso? Que ligação você faz entre a obra de Robert Reich e a preparação para o trabalho?

Nílson: O livro de Robert Reich (*O trabalho das nações*, 1996) é uma paráfrase do clássico de Adam Smith (*A riqueza das nações*, 1776), constituindo uma referência importante para o tema que estamos examinando. Ainda que o autor analise com acurácia apenas a situação norte-americana, alguns de seus *insights* são de fato valiosos e inspiradores para outros espaços. Em resumo, excluindo de seu raio de ação o funcionário público (o que é uma pena, pois as análises realizadas parecem-me pertinentes também nesse caso), Reich pretendia que o mundo do trabalho fosse, no cenário que descreve, ocupado por dois tipos de profissional: os rotineiros e os analistas simbólicos. Os seguidores de rotina – decrescentes em número e importância – estariam sendo substituídos progressivamente pelas máquinas, pelos computadores, pela imensa gama de novas tecnologias. Já os analistas, os que contam com um conhecimento específico mas preservam a capacidade de visão sistêmica, de percepção da totalidade dos processos em curso, seriam os mais valorizados.

As considerações de Reich parecem razoáveis, salvo pelo fato de que não existem, nem subsistem, trabalhadores exclusivamente rotineiros nem exclusivamente analistas. Em toda atividade, rotinas são necessárias – a ação docente não é exceção –, mas não se pode prescindir de um espaço para a análise, para a crítica do que se faz, a emergência de processos criativos. Não podemos excluir atividades rotineiras nem pretender ocupar todas as horas de trabalho em atividades de inovação; buscamos o equilíbrio entre tais demandas, com a preservação do valioso espaço analítico que abre a possibilidade da criação.

A importância maior do livro de Reich situa-se, a meu ver, nos dois pequenos capítulos que dedica à formação do analista simbólico. Afinal, ensinamos disciplinas nas escolas, nos diversos níveis, inclusive nos cursos de formação profissional, mas o que buscamos desenvolver nas pessoas por meio das disciplinas que lecionamos? Para nossos avós, uma síntese das expectativas de formação era a tríade clássica "ler, escrever, contar". Hoje, tal tríade pode parecer pouco expressiva a respeito do que se busca nos cursos de formação. É interessante sua proposta de uma nova tríade, uma espécie de novo *trivium*, constituído pelo que denominou "literacia, materacia e tecnoracia". Aprecio muito e tenho como referência, em diversos trabalhos, seu valioso *insight*. Outra perspectiva de análise é a de Paulo Freire, com sua atualização da tríade clássica, ampliando-se o significado de "ler" para "ler o mundo", ler fenômenos em geral, no âmbito das diversas ciências; de "escrever" para o desenvolvimento de novas formas de expressão, que passam, inclusive, pelos recursos às redes informacionais; e de "contar" para narrar, contar histórias, construir nossa história. Reich, no entanto, apresenta sugestões mais pragmáticas, como a valorização do raciocínio sistêmico, do colaboracionismo e da abstração fecunda, que busca recolocar os pés no chão.

No caso específico da matemática, as observações de Reich parecem-me bem pertinentes. Como já foi dito, não se pode considerar a abstração um pecado, nem valorizar excessivamente o especialista que perde a visão do todo. Queremos especialistas que usem lupa para explorar cantos específicos de uma foto, mas vejam primordialmente a imagem. O especialista, tão bem ironizado por Chaplin em *Tempos modernos*, há muito deixou de ter importância. O trabalho de Reich é apenas mais uma constatação de tal fato.

Referências bibliográficas

D'AMBROSIO, U. "Literacy, matheracy, and technocracy: a trivium for today". *Mathematical Thinking and Learning*, v. 1, n. 2, 1999, p. 131-53.

HOUAISS, A. *Dicionário Houaiss da língua portuguesa*. Rio de Janeiro: Objetiva, 2009.

POLANYI, M. *Personal knowledge – Towards a post-critical philosophy*. Londres: Routledge/Kegan Paul, 1969.

_____. *The tacit dimension*. Gloucester: Peter Smith, 1983.

POPPER, K. R. *Conhecimento objetivo*. Trad. Milton Amado. São Paulo: Edusp/ Itatiaia, 1975.

REICH, R. *O trabalho das nações*. Trad. José Maria Castro Caldas. Lisboa: Quetzal, 1996.

PARTE III
Entre pontos e contrapontos

Nílson José Machado
Ubiratan D'Ambrosio
Valéria Amorim Arantes

Valéria: Caríssimos colegas, para iniciar a terceira e última parte desta obra, retomarei uma questão já abordada que considero merecedora de maior aprofundamento. Trata-se do conceito de "ideias fundamentais", atrelado ao que podemos chamar de "conteúdos mínimos" a ser ensinados nas instituições escolares. Afinal, como chegar aos conteúdos mínimos da matemática? Como definir suas ideias fundamentais? Acho que seria da maior relevância vocês aprofundarem essa discussão, num movimento de "pisar no chão da sala de aula"...

Ubiratan: Ao "pisar no chão da sala de aula", é absoluta prioridade ter muito claro o motivo de estar lá. O professor pisa no chão da sala de aula sabendo que vai ensinar um conteúdo. Se ele fez uma boa licenciatura, sabe o que vai ensinar e a metodologia que vai adotar. Um dos grandes avanços na preparação de professores no início do século XX foi orientar a formação do professor em três focos; *o que ensinar* (conteúdos), *como ensinar* (métodos) e *por que ensinar* (objetivo). Foram – e continuam sendo – enfatizados os conteúdos, dados pelos programas, e os métodos, adequados a esses conteúdos, Mas, infelizmente, os objetivos, que são dados como justificativas dos conteúdos, são redundantes, vagos e inconsistentes.

São do tipo: "Porque são importantes para desenvolver o raciocínio"; "Porque são importantes no seu dia a dia"; "Porque servem de base para estudos futuros" etc. É muito difícil falar em "conteúdos mínimos" sem uma reflexão histórica do que eles são, como surgiram e por que se consolidaram nos programas – ninguém tem coragem de mexer com eles nem justifica convincentemente por que estão nos programas e por que são mantidos.

Um esboço da história do ensino da matemática pode ajudar. Na Antiguidade, a educação servia sobretudo para preparar as elites e a liderança política. Tinha características próprias para atender aos objetivos dos estados-cidades. Em geral, o conceito de *paideia* sintetiza o que se praticava na sociedade grega clássica para formar gerações futuras: educação familiar, boas maneiras e princípios morais. Os filósofos discutiam, nas academias, os conceitos básicos sobre teoria do conhecimento e formação das gerações futuras, como cidadãos e como indivíduos criativos. Tenho proposto em meus trabalhos conceituar a educação com objetivo dual de:

- Possibilitar a cada indivíduo atingir seu potencial criativo.
- Estimular e facilitar a ação comum, com vistas a viver em sociedade e exercer a cidadania.

Isso reflete minha interpretação dos discursos sobre educação na Antiguidade, na Idade Média e na Modernidade e do que sabemos da educação praticada em todas as civilizações, em todos os tempos. Nas minhas pesquisas em etnomatemática e na história das civilizações, essa dualidade de objetivos está sempre presente, embora muitas vezes não explicitada. A cidadania, focalizando a manutenção das estruturas básicas de poder e os valores acordados que caracterizam uma cultura, guia a educação formal ou informal. Desde a formação do bebê, em casa, procura-se desenvolver esse comportamento e transmitir valores. A escola leva adiante esse projeto de formação de novas gerações. Mesmo na educação de jovens e adultos procura-se aprimorar ou suprir essas práticas orientadas para o bem comum. Essa formação inclui noções básicas sobre o ser humano, a natureza e as origens. Reflexões de natureza religiosa estão sempre presentes. Não há como negar isso em todas as famílias e culturas. Mas também não há como negar que todas as famílias esperam que as crianças tenham sucesso na vida, indo além dos pais. Isso é verdade, sobretudo, nas classes mais pobres. Daí a busca da educação, que tem outra característica: ensinar não para continuar como está, mas para procurar novas oportunidades, ir além das tradições, dos costumes e das crenças – e avançar no novo, procurando desenvolver novas ideias, novos estilos, novas maneiras. Esse é o ideal dual da educação: conservar e inovar, manter e mudar. Dificilmente as famílias têm condições de lidar com essa dualidade. Esse é um dos aspectos negativos da aristocracia e dos grupos religiosos ortodoxos. Os jovens são formados para dar continuidade ao que foi estabelecido por gerações anteriores. Não são estimulados a inovar. Lamentavelmente, ainda há defensores do *home schooling*.

Por isso defendo a grande importância das escolas públicas. Lamentavelmente, mesmo nas escolas, essa dualidade não é atingida. Os currículos são extremamente conservadores, uma cópia maquiada do que se ensinava há dezenas, até centenas, de anos. Dão pouca oportunidade para o novo. Esse é, no meu entender, o principal motivo do desencanto de muitos jovens com a escola. Não têm oportunidade de praticar – nem de conhecer – o novo.

O que fazer ao "pisar no chão da sala de aula"? Vou antecipar meu comentário sobre a pergunta seguinte, que trata do conceito de aprendizagem baseada em problemas. Vou mais além de problemas e proponho projetos, observando que o currículo está amarrado a decisões fora da sala de aula e, portanto, pode escapar ao interesse dos alunos. O currículo não oferece motivação para o grupo reunido em uma sala de aula. É necessário muitíssima habilidade para que o professor motive os alunos para o conteúdo que está no programa, que quase sempre é organizado linearmente, recorrendo a pré-requisitos. Justificar isso é muito difícil e quase nunca tem sucesso. Já o projeto é flexível, responde a interesses gerados pela classe, pode ser mais facilmente motivado pelo professor. Voltarei ao tema numa próxima questão.

Nílson: Desde o início de nosso percurso nessa conversa sobre o ensino de matemática, o inimigo comum a ser combatido é a marcante fragmentação disciplinar que mina o significado dos conteúdos da escola básica, em especial no ensino médio. Tentativas de agrupar as disciplinas em grandes áreas, ainda que teoricamente façam sentido, não têm produzido resultados animadores. Os Parâmetros Curriculares Nacionais, na metade dos anos 1990, criaram o que deveria constituir as três grandes áreas do ensino médio: linguagens, ciências humanas e ciências da natureza, incluindo-se aí a matemática. Duas décadas já se passaram e tal aproximação entre as disciplinas não se fez notar. Com o Currículo de Matemática do Estado de São Paulo, em 2008, e com o novo Enem, em nível federal, em 2010, a matemática ganhou o estatuto de área do conhecimento e as áreas passaram a ser quatro. Na verdade, tais arranjos disciplinares pouco alteraram as rotinas e as práticas dos professores nas escolas. Não se transformaram os cursos de formação de professores – nem acho que deveria ter acontecido – em função da suposta organização por áreas. Decididamente, a questão parece ser outra.

De fato, a fragmentação atinge todas as disciplinas de tal forma que, se as agruparmos em áreas, mantendo as demais condições de trabalho e de contorno, o tratamento de cada área tenderá a ser fragmentado... É preciso transformar as práticas dos professores, e a melhor estratégia parece ser partir de seu solo disciplinar. Em vez de reunir artificialmente as disciplinas em áreas, sou favorável à manutenção – pelo menos provisória – das atuais disciplinas, com o compromisso de que os professores de cada uma delas façam um esforço sincero, um verdadeiro exercício de humildade: concentrar a atenção nas ideias fundamentais do tema, resistindo à tentação de explorar pormenores que não sejam absolutamente necessários para a construção do conhecimento em sentido amplo. Naturalmente, de pouco adianta postular tal concentração de atenção se não estabelecermos critérios nítidos para a caracterização do que é fundamental e do que não é. É o que sugerimos ao longo do texto, e o que buscaremos explicitar agora, atendendo à interessante provocação que é o cerne da pergunta formulada.

De meu ponto de vista, em qualquer tema, as ideias realmente fundamentais exibem três características absolutamente necessárias: não são técnicas, não são tópicas, não são feudos. Explicitemos em que sentido estamos usando tais caracterizações.

Uma ideia fundamental de uma disciplina não é técnica no sentido de que seu significado e sua importância no terreno cognitivo podem ser explicados na linguagem ordinária, na linguagem do cidadão. Se for imprescindível recorrer a termos técnicos ou a conteúdos disciplinares sofisticados para uma abordagem inicial de uma ideia, então certamente ela não é fundamental. Energia, mapa, narrativa, equivalência, equilíbrio etc. são ideias fundamentais da física, da geografia, da história, da matemática e da biologia, respectivamente. Não se pode dizer a um aluno, ou a seu pai, ou a um colega de outra disciplina, que o conceito de energia é importante, "mas para explicar tal fato é preciso ter feito um curso de física". O professor competente deve ser capaz de explicar as ideias fundamentais de sua disciplina recorrendo a termos e situações compreensíveis na linguagem corrente. Energia, por exemplo, é capacidade de produzir movimento; a vida é movimento; existem várias formas de manifestação, ou vários tipos de energia, e por aí vai. Não se pode pretender ficar apenas na linguagem ordinária, evitando indefinidamente a técnica e a complexidade, mas é imprescindível iniciar qualquer estudo de maneira não técnica.

Uma segunda exigência, a ser somada à primeira: uma ideia fundamental nunca é tópica, nunca é isolada, referindo-se apenas a um único conteúdo. Uma marca nítida do fundamento é a conexão com múltiplos temas. A ideia de proporcionalidade é fundamental em matemática; está presente quando aprendemos sobre frações, nas grandezas proporcionais, no estudo da semelhança de figuras, nas razões trigonométricas, nas equações das retas, nas aproximações de curvas por retas etc. Ao elaborar um planejamento, é preciso desconfiar da relevância de temas isolados; eles quase nunca são de fato fundamentais. Não significa que não possam ou não devam ser ensinados, mas, em situações de planejamento em que o tempo disponível é um fator limitante; a preocupação decisiva deve ser a de se ater ao que é fundamental. De brinde, ganhamos o favorecimento de uma articulação interna entre as diversas partes da disciplina ministrada.

Uma terceira característica distintiva das ideias fundamentais é o fato de que elas nunca são feudos disciplinares. Ainda que nasçam disciplinarmente, nunca permanecem absolutamente contidas nos limites prefigurados pelos programas da disciplina original. A ideia de energia, por exemplo, bem cedo ultrapassa as barreiras da física, articulando-se com naturalidade ao grupo de ideias fundamentais da química, da biologia, da geografia etc. Essa é uma marca realmente notável, sintoma da riqueza e da fecundidade de cada ideia fundamental. A ideia de proporcionalidade nasce na matemática, mas transita rapidamente para o território de quase todas as disciplinas, estando presente no coração de todas as medidas e ponderações da química. Manter o foco nas ideias fundamentais, portanto, é um recurso poderoso para fomentar a aproximação entre as diversas disciplinas, por certo muito mais eficaz do que a mera organização por áreas.

Ao organizar um currículo de matemática para a escola básica na perspectiva das ideias fundamentais, é impressionante como nos damos conta de que todos os conteúdos arrolados podem ser associados a um pequeno número – dez ou 12 – de ideias fundamentais. Qualquer tema pode ser situado em linha direta com ideias como equivalência, ordem, proporcionalidade, interdependência, invariância, variação, contagem, medida, representação, problematização... Não se trata, naturalmente, de fixar de modo rígido as ideias; alguma liberdade existe na escolha de um tal conjunto de ideias. Trata-se do fato de que os conteúdos disciplinares não podem ser apresentados de modo excessivamente fragmentado, sem revelar a riqueza de interconexões entre suas partes, e também com os fundamentos das outras disciplinas.

Valéria: Gostaria que comentassem sobre a formação de professores de matemática no contexto brasileiro. Na opinião de vocês, que mudanças são mais urgentes e/ou necessárias nos cursos de formação de professores para suprir suas lacunas e, ao mesmo tempo, vislumbrar um futuro melhor para as próximas gerações? Como promovê-las?

Ubiratan: A formação atual de professores de matemática repousa sobre a apresentação e a cobrança de um elenco de conteúdos que, muitas vezes, pouco terão que ver com o trabalho do professor quando ingressar numa sala de aula. Há uma preocupação excessiva em passar conteúdos que não se justificam a não ser por sua presença nos textos clássicos, alguns datados de até 300 anos atrás. A matemática está passando por profundas transformações, tanto pela presença da tecnologia avançada, que não existia em outros tempos, quanto pela importância e urgência de questões novas. O professor deve, necessariamente, ser preparado para participar dessas transformações e aventurar-se no novo, e não apenas para repetir o velho, muitas vezes inútil e desinteressante. O novo professor deve ensinar o conteúdo destacando aspectos conceituais, sem se preocupar com a mecanização das técnicas das operações. Deve dedicar tempo para ser um comentarista crítico e um animador cultural.

Exemplifico o que quero dizer com o aspecto conceitual. Ao ensinar operações aritméticas, o professor deve deixar bem claro o caráter puramente mecânico destas. Para tanto, é interessante mostrar o grande avanço que representou, no desenvolvimento da Europa, a introdução e a divulgação das técnicas matemáticas dos árabes por Leonardo Fibonacci, no século XIII. Os algarismos indo-arábicos para escrever qualquer número e a correspondente "máquina medieval" para efetuar operações, mediante uma tabuada, representam um dos passos mais importantes na história da civilização moderna. Leonardo aprendeu esses métodos quando trabalhou no norte da África como mercador. Esse foi o método ensinado pelo matemático muçulmano al-Karizmi no século IX. Entretanto, na Europa houve grande progresso nas centenas de anos que precederam a aritmética posicional. Nos séculos anteriores, deu-se enorme progresso na agricultura, nas construções, aparecendo monumentais catedrais e castelos, o desenvolvimento das cidades, uma economia de mercado florescente e a utilização notável de recursos hidráulicos. Tudo feito, necessariamente, com recursos quantitativos, operações e conceitos numéricos, mesmo não sendo o posicional introduzido por Fibonacci no século XIII. Sintetizando essas observações: a quantificação e a numeração são muito importantes, mas não necessariamente as "máquinas de calcular" (tabuada e as quatro operações) do sistema decimal. O importante é o conceitual. As máquinas são instrumentos que são substituídos à medida que surgem outros mais eficientes. Assim, hoje reinam as máquinas digitais. Discutir temas como esse mostra a necessidade de introduzir a história da matemática nos currículos de formação de professores.

O professor comentarista crítico e animador cultural deve ir além desses exemplos. Falo em objetivo maior da educação, que é o estímulo à criatividade e à tomada de consciência de cidadania. Isso leva o comentarista crítico e o animador cultural a agir com base em experiências do cotidiano; este deve ter papel fundamental na formação do professor. O que se vê, ouve, observa ou imagina, no cotidiano do presente e do passado, ambos importantes, deve ser sintetizado. O cotidiano costuma aparecer em livros, jornais, revistas e, sobretudo, na televisão. Um grande objetivo da educação é elaborar, criticamente, o cotidiano.

A preparação do professor para uma nova educação implica viver o novo na sua formação. Com certeza, o professor será capaz de adotar essa postura no encontro com as crianças, e com elas analisar o seu cotidiano.

A escola é um espaço público frequentado por crianças com diferentes experiências do cotidiano. Mais do que meramente um espaço de ensino-aprendizagem, é um espaço de socialização. É a primeira oportunidade que a criança tem de encontrar o outro e desenvolver uma dinâmica de convívio com ele. São funções do professor estimular aspectos emocionais da personalidade do aluno e mostrar a essencialidade da atitude de respeito, de solidariedade e de cooperação com o outro para um convívio produtivo.

A formação do professor deve incluir a oportunidade de socialização de experiências e também espaço para a geração de novos conhecimentos. É um espaço em que as experiências devem ser multiplicadas.

A formação de professores no modelo tradicional de educação não oferece espaço para reflexões maiores. Se os futuros professores não se ativarem a reflexões mais ousadas de crítica ao sistema vigente, ficando à espera de decisões emanadas do poder central, nada mudará. É reconhecido e explicável que as decisões oficiais mudem muito pouco no processo educacional. A história mostra que, na melhor das hipóteses, essas decisões dão pouco espaço para a inovação. Não haverá reformas significativas se os professores não estiverem sensibilizados e agirem para a mudança. É fundamental que eles não se intimidem por incertezas e erros a que estão sujeitas as inovações em todo sistema complexo, como é a educação.

A nova educação deve ter horizontes mais amplos. Sobretudo, a escola deve ser repensada. Lamentavelmente, as instituições de ensino são conservadoras e estão contribuindo pouco para a preparação dos jovens para a sociedade em rápida mudança. Na verdade, bilhões têm sido desperdiçados sem nenhum resultado.

Muita aprendizagem ocorre fora da escola e, em consequência disso, o professor que se vê apenas como responsável pelo ensino de conteúdos disciplinares está com os dias contados. Ele será substituído por um vídeo, um CD-ROM ou alguma nova peça de tecnologia ainda em desenvolvimento. A mera repetição de matéria e cobrança do aprendizado da matéria lecionada pode ser feita por "colegas eletrônicos", que desempenham essas tarefas, muitas vezes, em condições melhores e com mais eficácia que os professores de "carne e osso", que são apenas repetidores de conhecimento congelado. Os "colegas eletrônicos" não reivindicam melhores condições de trabalho nem melhores salários. Isso é muito atrativo para as mantenedoras de sistemas educacionais, públicos e privados. O professor, com um novo perfil – não um mero repetidor e cobrador de resultados, mas um estimulador de criatividade e um despertador de consciência, um comentarista crítico e companheiro dos alunos na procura do novo –, é insubstituível. Sua formação deve contemplar esse cenário.

Nílson: Vamos destacar quatro problemas crônicos que afetam grande parte dos cursos de formação de professores de matemática. O primeiro é um desequilíbrio no peso das metodologias de ensino, na relação com os conteúdos disciplinares a ser ensinados nos diversos níveis. Antes de mais nada, registro que sou professor de metodologia do ensino no curso de licenciatura em Matemática, e a desvalorização de tal temática está bem longe das minhas intenções. Mas, em certos cursos, os conteúdos dessa disciplina são esquecidos ou subvalorizados, cedendo espaço quase exclusivamente a considerações ou recomendações de natureza metodológica. Ora, um método é um caminho para atingir uma meta; se não se há uma, não existe sentido na busca de um caminho. Por outro lado, quem tem uma razão, quem tem um "porquê" certamente arruma um "como". E aí voltamos um pouco à resposta à pergunta anterior: é preciso conhecer as ideias fundamentais da matéria que se leciona. Livros como *Conceitos fundamentais da matemática*, de Bento de Jesus Caraça, *As ideias fundamentais da matemática*, de Amoroso Costa, ou, mais modernamente, *Matemática – Ciência dos padrões*, de Keith Devlin, deveriam constituir leituras básicas para professores em todos os níveis de ensino. Como a tecnologia, a metodologia do ensino é ótima para quem sabe o que quer ensinar, mas é puro adereço quando falta o conhecimento específico.

Um segundo ponto a ser revisto é a organização curricular dos cursos de formação. Decididamente, tal organização não incorporou – talvez nem sequer tenha pressentido – o fato de que toda formação, hoje, é inicial, a ser continuamente completada e ampliada. Não parece discutível, por exemplo, a presença do cálculo diferencial e integral entre os conteúdos a ser ensinados aos licenciandos em Matemática; mas a existência de várias disciplinas como Cálculo I, Cálculo II, Cálculo III, Cálculo IV, Cálculo V... nem de longe é consensual. Analogamente, para um aluno do curso de Pedagogia, cursar disciplinas como História ou Filosofia da Educação é fundamental; mas incluir nos currículos temáticas muito específicas, que se desdobram em múltiplos semestres, em rótulos como Filosofia II, III, IV... ou História da Educação II, III, IV..., parece um simples exagero, um erro básico na escolha da escala para o tratamento de tais temas. Após a formação inicial e o ingresso no universo do trabalho docente, a volta a cursos de formação, atualmente, é a regra. Não há motivo para incluir no currículo da formação inicial tudo o que merece ser estudado, como se a regra fosse "Aprenda agora ou nunca mais terá chance de fazê--lo". Os currículos são como mapas de conteúdos disciplinares relevantes. São um elenco de disciplinas, não apenas uma reunião, ou um conjunto de temas. No elenco de uma peça ou de um filme, cada ator representa um papel específico; assim precisa ser o elenco de disciplinas. E não se pode esquecer de que a eficácia de um mapa depende da competência do cartógrafo na escolha da escala adequada para representar os fenômenos ou os territórios disciplinares.

Um terceiro ponto carente de bom equacionamento é a questão dos estágios. A residência médica já foi citada como referência, em outras épocas. Hoje, encontra-se tão impregnada de problemas – simplesmente não existe como possibilidade prática de formação para grande parte dos formandos em Medicina – que chega a parecer anômala a referência a ela como modelo para os cursos de formação de professores. O fato é que a formação do profissional do professor não se completa senão no chão da "fábrica", na escola. Nos anos iniciais de atividade, o recém-formado deveria completar sua formação em escolas credenciadas para isso, sob a orientação de professores experientes, que teriam tal função como parte de seu trabalho regular. Não se trata de sobrecarregar ainda mais o profissional em atividade, mas de tê-lo como parceiro, especialmente nas escolas públicas, na complementação da formação do licenciando. Da forma como é realizado atualmente, o estágio é bem pouco eficaz como espaço de formação.

Um quarto ponto nesse rol de carências é a necessidade de equilíbrio entre a competência técnica e o compromisso público na formação do profissional professor. Não se pode discutir a formação apenas em termos de competência técnica: quando se trabalha na área de educação, é fundamental a explicitação de compromissos públicos. Seja no ensino público ou privado, o professor, como o médico ou o advogado, põe sua competência a serviço do público, assumindo compromissos com a sociedade e não apenas com seus parceiros de profissão. Não pode se submeter a corporativismos de diferentes matizes, nem assumir compromissos apenas em função de remuneração conveniente: o compromisso maior é com um projeto em que ele acredita, que deve traduzir uma simbiose entre interesses públicos e privados, entre projetos individuais e coletivos. Para viabilizar um compromisso desse tipo, é imprescindível a existência de instituições mediadoras que articulem os interesses públicos e os privados. Não se trata de entidades sindicais, que têm outra função, mas de órgãos reguladores do exercício profissional. No caso do Direito, temos a OAB; na Medicina, os CRM; e no caso dos professores? A expectativa é a de que os Conselhos de Educação, nos níveis municipal, estadual e federal, cumprissem tal função. Porém, em geral, tais conselhos assemelham-se muito mais a agências do governo do que a órgãos independentes, autorreguladores do exercício profissional. No caso de São Paulo, a "promiscuidade" é tanta que o local físico em que o Conselho Estadual de Educação realiza sua nobre missão é um pequeno conjunto de salas no interior da Secretaria Estadual de Educação... Por certo, tal equacionamento da autorregulação da função docente seria viabilizado apenas pela existência de um projeto a orientar as ações educacionais. Aí se encontra, no entanto, nossa maior carência: a educação vive, há muitos anos, correndo atrás de projetos que não chegam a se constituir como projetos de Estado, nem sequer de governo, mas apenas do governante de plantão. Muda um ministro ou secretário e as políticas mudam, ainda que o partido no poder permaneça o mesmo. Particularmente no que se refere às políticas de formação docente, tal ausência de projeto é deveras desmobilizadora.

Valéria: Para esta pergunta, trarei o conceito de aprendizagem baseada em problemas (ABP). Tal abordagem assume problematizações concretas e situações reais como ponto de partida para o processo de ensino e aprendizagem. Como vocês veem a ABP no ensino de matemática? Poderiam comentar e, se possível, descrever alguma experiência que conheçam na área?

Ubiratan: A aprendizagem baseada em problemas faz muito sentido desde que os problemas sejam autênticos e não apenas exercícios na forma de um texto cujo único objetivo é adestrar o aluno em técnicas. Não é apenas uma força de expressão, pois muitos professores já ouviram alunos perguntando "Professor, este problema é de divisão?" O aluno não procura o significado da questão, a interpretação do texto, mas está fixado nas técnicas.

Não há dúvida de que resolver problemas é responsável pelo avanço da matemática. Vejo a história da matemática como o conjunto de tentativas de buscar explicações para fatos, fenômenos e questões intrigantes e de resolução de problemas e obstáculos que aparecem no cotidiano, em vários contextos culturais.

A matemática, como disciplina, é uma organização das explicações e das técnicas para resolver problemas encontrados em determinado contexto natural e cultural. Como exemplo, observo que uma das primeiras manifestações numéricas na história da humanidade vem da necessidade de contar os dias, a passagem que se repete regularmente entre "estar claro" e "estar escuro". O que causa essa alternância vem muito mais tarde na evolução da espécie. Mas a contagem aparece mais cedo. Alguns achados arqueológicos, datados de cerca de 20.000 a.c., apresentam traços talhados segundo critérios que permitem concluir que são um sistema de contagem. Os mais estudados são os ossos de Ishango, encontrados há cerca de 50 anos na região onde nasce o Nilo, perto de Uganda. Os 28 entalhes mostram organizações numéricas muito interessantes, sugerindo o ciclo lunar ou o ciclo menstrual. Outras culturas, em outras regiões do planeta, revelam origens diversas. O mais aceitável é que os sistemas numéricos se desenvolveram a partir de estratégias para lidar com situações do cotidiano. Também a origem de formas geométricas é explicada por algo semelhante. Devemos considerar ainda que estratégias de sobrevivência, como alimentação e abrigo, deram origem à agricultura, à pecuária, ao abrigo/habitação. Todas essas estratégias de sobrevivência estão presentes nas origens da matemática. Mas, como discuti no meu texto, na sua evolução a espécie humana vai além de estratégias para sobreviver. Os homens buscam explicações, querem saber os como e os porquês. Assim transcendem o fazer e buscam saber. Ao notar que em alguns momentos "está claro" e em outros "está escuro", buscam explicações para isso. Essas explicações na evolução da espécie humana deram origem a mitos e à astronomia.

O mais interessante é que a evolução de uma criança, desde a mais tenra idade, segue passos de descoberta de estratégias para explicar o que ela observa e sente e para lidar com verdadeiros problemas que encontra no ambiente. A curiosidade e a busca de explicações, além da necessidade de lidar com situações e problemas do cotidiano, continuam por toda a vida, o que é muito acentuado na infância, quando a criança geralmente vai para a escola. A instituição e os professores devem participar da curiosidade e da busca de explicações e da necessidade de lidar com situações e problemas do cotidiano.

Voltando à questão sobre ABP, é fundamental explorar as motivações. As questões e os problemas devem ser formulados pelo aluno em função da sua motivação. Com certeza, a resolução de problemas deve ser precedida por formulação de problemas. Isso é plenamente atingido pelo método de projetos.

Nílson: Em matemática, a ideia de problema é fundamental, norteadora das ações docentes em múltiplos sentidos, embora frequentemente seja apresentada de modo banalizado; é preciso revitalizá-la. Não estamos falando do mero exercício nem da mera realização de tarefas predeterminadas. Em sentido próprio, um problema é um obstáculo, uma dificuldade que se situa objetivamente diante de nós, e pela qual subjetivamente nos sentimos desafiados ou a qual somos convidados a ultrapassar. Levar um problema para a sala de aula pressupõe uma etapa inicial de problematização, transformação do que era um problema para o professor em um problema para os alunos. Sem a etapa da problematização, da criação ou do reconhecimento do problema, o professor corre o risco de falar sozinho.

Um problema emerge sempre de uma situação-problema, configurada em um contexto que atribui significado a cada um de seus ingredientes. Os problemas estão ligados ao contexto: o que constitui um problema aqui pode não sê-lo acolá. A dificuldade, ou o obstáculo a ser superado que um problema representa, pode ser traduzida por uma ou mais perguntas de cujas respostas realmente necessitamos. Por essa via, associamos um problema a uma equação, ou a um conjunto de equações. Na verdade, equacionar um problema é traduzi-lo na linguagem matemática por meio de uma equação, ou um sistema de equações. A etapa do equacionamento é decisiva;

muitas vezes, após tal etapa, a resolução do problema está prefigurada e a busca das soluções da equação pode inclusive ser delegada a instrumentos ou a terceiros.

Resolver problemas é a essência da matemática, por várias razões: apresentaremos uma apenas, que consideramos decisiva. Como já se afirmou, um problema traduz sempre uma pergunta e no caminho em busca da resposta está o equacionamento dele. Também é conhecido o fato de que a linguagem matemática é composta apenas de sentenças declarativas às quais se pode associar um e somente um dos valores: verdadeiro (V) ou falso (F). Não existem sentenças exclamativas nem interrogativas, como "Minha nossa!" ou "Que dia é hoje?" na linguagem matemática. Mas as perguntas são vitais nos problemas, em especial na matemática... Como lidar com isso? A resposta é simples: por meio de equações. Uma equação é uma sentença declarativa que envolve um elemento desconhecido, ou uma incógnita. A pergunta "Qual é o número que somado com 8 dá 13?" na linguagem matemática pode ser representada pela afirmação "O número x somado com 8 dá 13", ou seja "$x + 8 = 13$". A sentença "$x + 8 = 13$" é uma sentença aberta que chamamos de equação. Para cada número colocado no lugar de x, temos um valor para a sentença, que pode ser verdadeiro ou falso. Resolver uma equação é encontrar os valores da incógnita x que tornam a sentença verdadeira. O equacionamento de um problema complexo pode conduzir a um sistema de equações, envolvendo mais de uma incógnita. E as incógnitas podem ser objetos matemáticos mais sofisticados do que os números: uma equação diferencial tem como incógnita uma função.

Em todos os níveis, resolver problemas é a essência do trabalho do matemático. Não é possível, portanto, imaginar um modo eficaz de ensinar tal tema sem situar o foco da atividade docente na resolução de problemas, sem esquecer, reiteremos, as etapas fundamentais da caracterização da situação problema, de onde ele emerge, e da problematização, sem a qual o problema é do professor, mas não do aluno.

Valéria: Enquanto Nílson conclui seu texto defendendo uma aproximação entre a matemática e os contos de fadas (e a possibilidade de transitarmos entre a realidade e a ficção nas aulas de matemática), Ubiratan encerra defendendo uma educação baseada em uma ética de respeito, solidariedade e cooperação para o convívio respeitoso, harmonioso e produtivo de várias culturas. Mas como fazê-lo? Como repensar os espaços, os tempos e as relações nas instituições escolares para alcançar tais objetivos? Gostaria que comentassem.

Ubiratan: Como bem diz o Nílson, nossos enfoques complementam-se. De fato, acho que vão além disso. Eles convergem para o mesmo foco de uma ética de respeito, solidariedade e cooperação. Acho que, trazendo a reflexão para os contos de fada, o Nílson abriu uma linha muito importante sobre o comportamento na sala de aula. A consideração de diversos tipos de narrativa pode ajudar a entender o que se passa na educação.

O trabalho na sala de aula depende de uma linguagem, entendida no sentido amplo de comunicação. A fala do professor é uma questão da narrativa na sala de aula. Um conto de fadas conta uma história, expondo algo que acontece no imaginário ou mesmo no real, com linguagem acessível e atraente. Mas sempre tem um foco que se traduz em lições de história das tradições, enaltecendo feitos passados, como são em geral os épicos, os textos mitológicos e religiosos, ou em lições de vida, com exemplos de comportamento e ação cujo resultado deve ser o bem comum. Um exemplo dessas lições é o gênero parábola, que aparece de forma dominante na pedagogia de Cristo, relatada nos evangelhos. O conjunto de valores propostos é evidente. As conhecidas narrativas do clássico *As mil e uma noites* são de mesma natureza, assim como os clássicos de outras tradições. O mesmo pode ser dito de contos, novelas e romances.

Alguns matemáticos decidiram refletir sobre matemática e educação na forma de narrativas. Temos alguns exemplos. Em 1735, o escritor Jonathan Swift publicou *As viagens de Gulliver*, que criticava a sociedade inglesa da época. Depois de ir para a terra dos anões (a viagem mais conhecida), o protagonista ruma para a terra dos gigantes e em seguida para Laputa, ilha onde todos os habitantes se dedicavam apenas à matemática e à música, privilegiando somente o saber teórico; o povo não tinha casas nem alimentação dignas. Outro exemplo é o matemático lógico inglês Charles L. Dodgson, que publicou em 1865, com o pseudônimo Lewis Carrol, *Alice no País das Maravilhas*, baseado na lógica do absurdo. Ele trabalha principalmente as relações entre linguagem e matemática e dá enorme oportunidade para reflexões fantasiosas. Muito importante para entender como um adolescente vê os primeiros passos para uma matemática abstrata, como a introdução da raiz quadrada de -1, é a novela *O jovem Törless*, publicada em 1906 por Robert Musil, matemático puro que fez seu doutorado na Universidade de Viena sobre matemática e mecânica teórica. O mesmo autor publicou em 1933 sua obra-prima, o monumental romance *O homem sem qualidades*, em que mostra profeticamente as relações da matemática com a emergência do nazismo e prevê a eclosão da Segunda Guerra Mundial em 1939. Não podemos nos esquecer da interessantíssima *Aritmética de Emília*, de Monteiro Lobato, publicada em 1935, nem, é claro, do famoso livro *O homem que calculava*. Publicado em 1938 pelo matemático Júlio Cesar de Mello e Souza com o pseudônimo Malba Tahan, o livro foi traduzido em muitas línguas, sendo utilizado em várias escolas de outros países. Essas obras fazem parte da minha lista de leituras dadas aos meus alunos, constituindo objeto de seminários e discussões. Muitos conteúdos desses livros podem ser utilizados na sala de aula, em vários níveis de ensino, e dão oportunidade para lições de ética e de criatividade implícitas nas tramas, nos contos e nos problemas.

Justifica-se nos aprofundarmos um pouco na linguagem matemática. Numa famosa conferência no Congresso Internacional de Matemáticos de 1900, em Paris, David Hilbert, um dos maiores matemáticos do mundo na transição do século XIX para o século XX, disse que uma teoria matemática só se completa se puder "ser explicada ao primeiro homem que se encontre na rua". Observação semelhante, feita por um dos maiores matemáticos da atualidade, Mikhail Gromov, em 1998, alerta que ideias matemáticas fundamentais devem atingir uma audiência maior que apenas matemáticos. A questão básica é a linguagem rebuscada e fechada dos especialistas. Se isso é crítico entre cientistas profissionais, imaginem quão grave é o prejuízo na educação. A dificuldade de atingir uma audiência maior, de fazer a matemática chegar aos que a praticam mesmo estando fora do ambiente acadêmico e a utilizam e aplicam é, sobretudo, uma questão de desmistificar a linguagem.

Em 1910, o eminente cientista inglês Silvanus Thompson publicou o livro *Calculus made easy*. A intenção era desmistificar o cálculo diferencial e integral, tornando-o acessível à população geral. No prefácio, ele diz que alguns artifícios de cálculo são muito fáceis, mas apresentados da maneira mais difícil. A questão básica é que no ensino utilizamos uma narrativa inacessível aos não iniciados. A narrativa científica é o discurso caracterizado pela organização formal, procurando evitar redundâncias e metáforas e, naturalmente, fantasias. Uma maneira de superar esse obstáculo é o recurso à fantasia e à narrativa não formal.

O que é linguagem? Na sala de aula, dá-se o encontro entre indivíduos. Eles interagem e comunicam-se, como todos os animais. No caso de humanos, desenvolveu-se uma interação muito especial, característica do ser humano: uma forma de comunicação organizada, interativa, corporalizada. A linguagem, nesse sentido amplo, utiliza códigos e símbolos, organizados de vários modos: oralmente, mediante escritos, gestos e movimentos. Esses vários modos, personalizados, têm implicações qualitativas, revelando emoções, como alegria e tristeza, cansaço, energia e, sobretudo, volição, que implicam escolha e decisão. As emoções e a volição são essenciais no processo de cognição. A partir daí parte-se para o estudo de motivação. A motivação é um elemento essencial para o sucesso na sala de aula. Seria muito longo abordar esse tema neste livro.

Em termos muitíssimo simplificados, dizemos que os elementos básicos da linguagem, sons e palavras, são encadeados num discurso e organizados seguindo certos critérios e diferentes formas. Essas organizações de discurso são narrativas. Na modernidade, fortemente influenciada pela matemática e pelas ciências em geral, distinguem-se, basicamente, dois tipos de narrativa: as literárias e artísticas e as científicas. As primeiras são discursos organizados com objetivos comunicativos específicos e incorporam elementos sintáticos e semânticos. Embora haja coerência na organização, admitem certa vagueza, incerteza, imprecisão. Em geral utilizam redundâncias, metáforas e ficção. Já as narrativas científicas são caracterizadas por organização formal, procurando evitar redundâncias, metáforas e ficção. O protótipo da narrativa científica é a matemática.

Acredito que um dos maiores obstáculos para a aprendizagem seja a linguagem utilizada na sala de aula, que privilegia a narrativa científica. Muitos educadores matemáticos compartilham essa opinião.

A educação matemática não pode apresentar a disciplina matemática como um elenco de técnicas e habilidades que são estratégias para resolver problemas, muitas vezes artificiais ou formulados em contextos desligados da realidade atual. A realidade atual é dominada por alguns problemas urgentes, tais como questões ambientais (ar poluído, água potável escassa, falta de moradias e de alimentos, urbanização descontrolada e caótica, violentos conflitos sociais/religiosos/ideológicos). Como lidar com esses problemas? A matemática continua sendo uma poderosa estratégia para isso. Mas que matemática? Não aquela dos programas atuais. Desta resta apenas o conceitual, em consequência da criatividade de grandes cientistas que foram capazes de identificar *situações e problemas urgentes de outros tempos* e propor estratégias para lidar com eles. Hoje, devemos ser capazes de identificar *situações e problemas urgentes de agora* e propor novas estratégias para lidar com eles. Ninguém acredita que um problema novo poderá ser enfrentado com regras de derivação e integração e tabelas de 300 anos atrás. Hoje temos instrumentos poderosos, como calculadoras gráficas e computadores, técnicas de simulação etc. As novas estratégias serão muito diferentes. Embora as bases conceituais de outros tempos permaneçam nos seus aspectos mais básicos, as novas estratégias partem desses conceitos desenvolvidos com maior sofisticação. É importante criar uma dinâmica de elaboração do novo com os alunos – e o melhor caminho para isso é o método de projetos. Todo projeto tem como ponto de partida uma narrativa do contexto e uma definição clara da motivação e do objetivo de fazer tal projeto, seguida da elaboração de estratégias para atingir os objetivos.

Nílson: Na verdade, nós dois chegamos ao final do percurso de modo nitidamente complementar: enquanto o professor Ubiratan destaca, com pertinência e de modo amplo, a necessidade de uma ética para balizar as ações docentes e consolidar os compromissos na formação do profissional da educação, concluí apontando um caminho mais associado à metodologia do ensino, especificamente no caso da matemática, mas em que os valores se situam no centro das atenções. Em síntese, ele prefigura os fins; eu alinhavei alguns meios.

De fato, a exploração do duplo sentido da palavra "contar", que pode significar tanto enumerar como narrar, pode servir de base para criar uma ponte entre conteúdos aparentemente díspares, a matemática e os contos de fadas. Como as crianças parecem muito mais atraídas pelas narrativas maravilhosas do que pelos exercícios matemáticos, é natural pensar em recorrer à similaridade estrutural entre um e outro para tornar os conteúdos disciplinares que envolvam números mais palatáveis. Ao longo de nosso percurso, vimos como o caráter binário de ambos os temas (o V e o F em matemática; o bem e o mal nos contos de fadas) pode ser explorado no sentido de tornar o território mapeado pelo currículo um espaço fundamental para a construção de valores.

Por certo, a questão dos valores transborda em muito os limites das disciplinas, em seu espaço preponderantemente dedicado a aulas. Para abordá-la, é preciso envolver outros espaços e tempos do conhecimento, maiores e menores do que o espaço aula. Valores são construídos e consolidados essencialmente na vivência, na convivência entre as pessoas, em situações que favoreçam a circulação de narrativas consistentes, de histórias bem contadas.

Sabemos que a vida não se deixa reduzir à dicotomia bem ou mal, nem às certezas matemáticas do verdadeiro ou falso; a realidade não se deixa apreender por esquemas tão simples. Porém, ao entrelaçar estruturalmente as questões matemáticas e as questões éticas, é possível fomentar a construção de espaços em que se enraízam valores determinantes para a formação pessoal, como a solidariedade, a cooperação, a convivência, a tolerância.

Em todas as disciplinas, nos diversos níveis de ensino, o desenvolvimento de competências técnicas e a consciência da necessidade de compromissos com valores são os objetivos fundamentais. Uma tarefa ingente para um professor de matemática que assume responsabilidades pelo mundo é a explicitação do fato de que, longe de ser um tema asséptico, com pretensões (inumanas) de exatidão e controle, de nitidez binária no que se refere ao certo e ao errado, também no terreno da matemática as relações humanas e os valores são decisivos. A busca do equilíbrio entre o certo e o justo é uma tarefa constante, um desafio permanente.

Afinal, se é verdade, como se afirma com frequência, que os números não mentem, também o é o fato de que mentirosos recorrem a números para tornar suas asserções palatáveis. O pensamento crítico é uma vacina para certezas intolerantes e dicotomias simplificadoras – e, em sua constituição, a disciplina matemática é, sem dúvida, fundamental.

www.summus.com.br

IMPRESSO NA
sumago gráfica editorial ltda
rua itauna, 789   vila maria
02111-031   são paulo   sp
tel e fax 11 **2955 5636**
sumago@sumago.com.br